神道玄義《かみのみちおくぎ》

——宇宙第一之書の奥義の解明——

水木大覚

今日の話題社

まえがき

——本書のエッセンス——

一、日本国は、日の本の国である。《日《ひ》の本《もと》の真義》
日《ひ》の本《もと》の「日」は、日神、太陽神、無限光明神をあらわしている。日の本の国は光明の恩寵を受け、日神が住（統《す》）め給う国であるということである。また、「日《ひ》」は「霊《ひ》」に通じ、霊系、つまり神力（霊力）が先におこり、多様な體《もの》が後に造化・形成される「霊先體後《ひのもと》」を原理としている。

萬有は、神理の顕現である。本居宣長は、「皇大御国《すめらおおみくに》は、かけまくもかしこき、神御親《みおや》天照大御神の御生《あ》れませる大御国にして、大御神、大御手に天つ璽《しるし》（神器、神鏡）を捧げ持たして、萬千秋の長秋に、吾御子のしろさむ国なり」と述べている。天照大御神（日神、無限光明神）統め給う国である。

二、日本国は、神器伝わる国である。《三種神器の真義》
三種神器は、五百箇御統勾玉《いおつみすまるのまがだま》、八咫鏡《やたのかがみ》、草薙剣《くさなぎのつるぎ》である。御統勾玉は、神統を現している。御中主神、高産霊神、神産霊神、伊邪那岐神、伊邪那美神、天照大御神、天忍穂耳神、大国主神、日子番能瓊瓊杵神《ニニギカミ》、八百萬神の神統である。八咫鏡は、神道の神人合一、神人一如の道（天界統治）を現している。草薙剣は、煩悩裁断の神剣を現し、地界統治を現している。

三、神の道は神人合一の道である。《宗教の真義》

神人合一は、神（霊）と人との魂合いである。仏教では三昧《サマーディ》という。祈りと瞑想により三昧を得る。神人合一は、萬教同一である。故に、神理は一つ、「萬教《よろず》帰一《ひとつ》」である。一なるものから全ては発し、一なるものに全ては帰る。これが御中主神である。

四、人の形と天地と宝舎（神殿）は一つである。《人間の真義》

人の形の中には、上部中枢（上玉《あたま》）に玉が、中部中枢（胴玉《からたま》）に鏡が、下部中枢に剣が隠されている（三神器）。人形・神社・神器は、古事記以前より惟神《かむながら》の大道に伝わる神書である。

人体には、上丹田（チャクラ）、中丹田（チャクラ）、下丹田（チャクラ）の三つの中枢がある（三中枢）。もう少し細分化すると、頂輪（空）、面輪（風）、胸輪（火）、腹輪（水）、膝輪（地）の五大となる。身は社、心は神である。

五、日本国は神国である。心の御柱《みはしら》立つ国である。《神国の真義》
神集《つど》い、神づまりの国である。神統・皇統の御柱立つ国である。
中央の柱が旋回すによりて、多様なる造化が生じるのである。
宇宙の神理である。宣長は、古事記を宇宙第一の書と呼んでいる。

宇宙真理の展開図　高天原は究極の清浄界、全備具足の一なる界である。御中主より全ては発し、全ては帰る。高皇産霊は霊系の祖神、神皇産霊は體系の祖神。一即多、多即一と旋る。伊岐・伊美の両神により万有は創造された。天照大御神は、三界の大神、鏡は神人合一の象徴。

人の形＝空風火水地（天地）
神殿（神社）

六、人間の本質と進化《霊性開顕の真義》

人（霊交《ひと》）の中心の内奥は神である。人は、肉体の衣を着た霊である。そして、霊とは神である。人は死後、肉体の衣を脱ぎ捨て幽界に入り、心を浄めて魂の衣を脱ぎ捨て、神（霊）界に入り、光明体となる。そこで、神（霊）合一体として生きる。身心脱落である。仏我一如、神人一如となる。

禊《みそぎ》は、直霊の開顕である。

この書は、萬教帰一《よろずひとつ》、霊先體後《ひのもと》、萬有造化《よろずつくり》、神人合一《かみひとひとつ》の宇宙神理を開顕したものである。

神道玄義　目次

序

日本《ヤマト》ハ神州《カミツクニ》ナリ、神器伝ワリ、神降《クダ》リ、神統《ス》メ給フ故ニ
豊葦原水穂之国ハ美《ウルハ》シ、神、安国ト知ロシメシ給フ故ニ
大日本豊秋津州ハ美シ、神創リ給フ故ニ
高天原ハ麗シ、神ナリ給フ故ニ
萬教帰一《ヨロズヒトツ》、霊先體後《ヒノモト》ナリ
人ハ皆、神ノ子、神子《ミコ》ナリ
身ハ社《ヤシロ》ニシテ、心（霊）ハ神ナリ
此ノ理ヲ示スガ、神道霊学ナリ

神　言（三種神器と神言、清明高天原御言）

清明　高　天　原　御　言

スメ　タカ　アマ　ハラ　ミコト

スメ　タカ　アマ　ハラ　ミコト

神は全ての全てなり、全一なり（玉）

吾と神とは一体なり、一如なり（鏡）

吾は神の子なり、神子なり（剣）

永遠　神　恵美　給　祓《ヒ》給《ヘ》清《メ》給《ヘ》

トホ　カミ　エミ　タメ　ハラヒタマエキヨメタマエ

トホ　カミ　エミ　タメ　ハラヒタマエキヨメタマエ

神惟の道

神惟《カムナガラ》トハ、神ニ随《シタガ》フ、道ヲ謂ヒ

マタ、自ラ神ト在ル道ヲ謂フ（日本書紀《ヤマトフミ》古註）

神道とは、神人一如の道なり。

「其の上に天中の神霊を招き鎮めて天神に霊合《たま》ふ」道なり。

「生佛一如の道、即ち、実相無相を強《しひ》て名《なづけ》て道と云ふ」（仏教）

「吾が国は天地と倶《とも》に神明顕はれます、故に国を神国と云ひ、道を神道と云ふ」（神道由来記）

「神あらば、必ず、道あり、道あらば、必ず、法あり」（中臣祓集序）

「神道を受け不《ず》んば、吾が佛法の奥蔵を悟るなし」（空海）

「是の学は神の畏敬に始まり、隣人愛に終る」（ヘルメス学）

神　文（五種神界要文）

真理の御玉より
無限の智恵と無限の愛が流れ出で（隠身界）
智恵と愛にて神々が御産霊《みむすび》なされた（仮凝身界）
智恵と愛の統一に無限光明霊は照り輝き（耀身界）
自在なる分身霊《わけみたま》を放しつつ（駆身界）
人となりて降り立ちぬ（限身界）
身は社《やしろ》、心は神

一、高天原（究極の虚空清浄界）

天地《かみよが》初《なり》發《た》つ時《とき》、高天原《たかあまはら》に

解説 高天原は、清明一心なり、究極の虚空清浄界なり、全備具足の完全円満相なり、如実実相なり不生不滅・不増不減なり、真如なり、遍照虚空法界なり、究竟の涅槃なり。

参考
「アマは、萬物の原質の大虚空に充満して増減なきを云う」（本田親徳）
「太初には、⦿というものが、至大浩々神々露々恒々として、ス…ス…ス…と呼吸していた」（大石凝真素美）
「真如とは、即ち、是れ一法界、心性の不生不滅なり、唯だ是れ一心なるのみ」（大乗起信論）
「性真如理體、平等々々一、無有一多相、故為真如」（釈摩訶衍論）
「諸法ハ本不生、自性ハ離二言説一、清浄ニシテ無垢染、因果等二虚空一」（金剛頂経）
「不生不滅、不垢不浄、不増不減」（般若心経）
「高天原ハ虚空清浄之名也」（神代口決）
「虚空を高と云ふなり」（本居宣長・古事記伝）
「原（ハラ）は清明の義なり」（水谷清・三種神器）
「無上涅槃は、無為法身なり、無為法身は、是れ、実相なり、実相は、是れ法性なり、法性

は、是れ、真如なり、真如は即ち是れ一如なり」（教行信証）
「本不生、如實㆓知自心㆒」（大日経）
「一心法界、一虚常住」（空海）
「無にして全て、永遠の自由、永遠の合一、乃至、一性、いかなる考えも及ばぬ深み」（ヤコブ・ベーメ・プリンキピア）

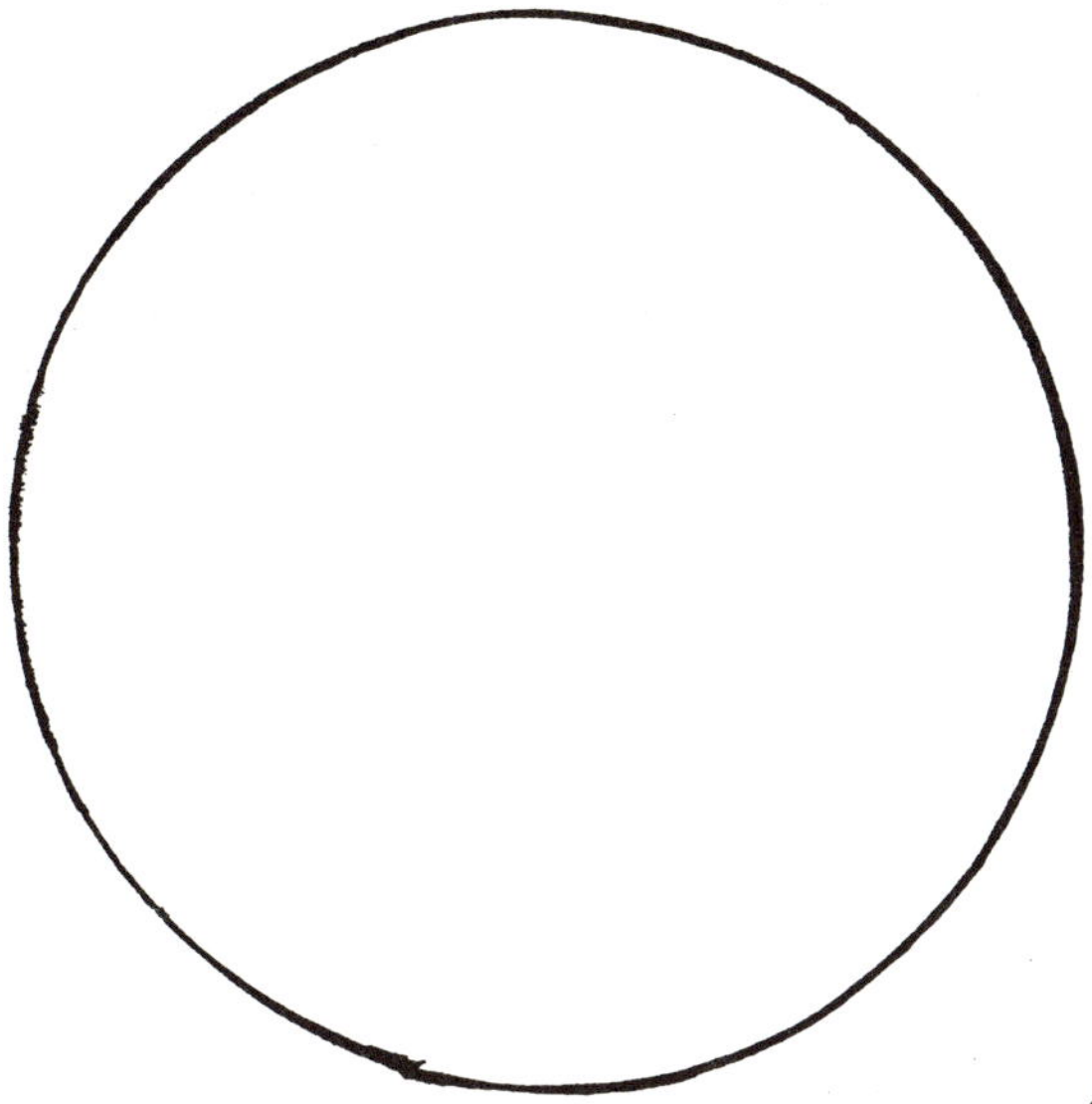

タカアマハラは
清明一心
なり

高天原は、究極の虚空清浄界である。虚空、清明、不生不滅、不増不滅を性としている。

講究

天地創成章、此の段の深奥壮麗なること、古今無比、元初の神界（絶対界、隠身界、多重の層の神界の第一）を示す。

紀記神代巻の世界神典中の神典たるは、此の段にあり。宣長公の曰く、「宇宙第一の書」たる由縁はここにあり、神界を五重の層にみたてれば、この段は、頂上の層を示す。五種神界（隠身界、仮凝身界、耀身界、駆身界、限身界）の頂上の神界なり。

第一絶対界に於ける「天地初発」の「天地」とは、天は、霊系を指し、地は體系を指す。故に、天地初発時は、霊體未分時を指す。一も無し、多も無し、言説不可、離言の所、不生不滅なる清明一心、究竟の清浄界が、「高天原」である。清明一心は、不染汚の一心、自性清浄心なり、究竟涅槃なり、真如なり。一は絶対を現わす。

原初なるものは、不生であり、虚空であり、常住であり、不滅であり、不増不減である。

空海は、「一心法界は、一虚の常住なるが如く」であり、「一心の虚空は、本よりこのかた、常住にして不損不滅なり」と言っている。また、「本不生際を見る者は、これ実の如く自心を知るなり、実の如く自心を知るは、すなわちこれ一切智なり」と云ふ。

一は一であり、全体は全体であり、存在は存在であり、実相は実相である。この他に何が言えよう。

「アウム、永遠、清浄、離垢、離言説、無始無終、唯一の存在」（ヨーガチューダーマニ・ウパニシャド）

「梵自体より、虚空に生じ、虚空より風、風より火、火より水、水より地、生じたり」（同）

真理は一つ、真理は全体、真理は増さず減らず、是は真実なり、偽りならず、絶対なり、確

実なり、無分別智なり、故に、般若心経に曰く（般若心経は隠身界の神言なり）、
「観自在菩薩、行深般若波羅蜜多時、照見五蘊皆空
色即是空、空即是色、……諸法空相
不生不滅不垢不浄不増不減……究竟涅槃
般若波羅蜜多、是大神呪、是大明呪、是無上呪、是無等等呪、真実不虚……」
と、隠身界の真言（神言）を唱ふるなり。
「羯諦羯諦、波羅羯諦、波羅僧羯諦、菩提娑婆訶」
（ガテーガテー　ハラガテー　ハラソーガテー　ボディスバーハ）は、
到彼岸、即ち高天原の究竟の清浄界に往こうということなり。

人はどこから来てどこへ行くのか——。

高天原から来て、高天原に帰るのである。帰郷していくのである。

五重の層の最下層の限身たる人間は、不染汚の一心を欲心にて塞ぐ、故に、不断に心経を唱えてみよ、茶道四語は「和敬清寂」という、神道四語は「清明正直」なり。清明ならば、即ち行往坐臥、正直なり。

「大神の真理《まこと》の道は、天地に先立ちなれるものにこそあれ」（本田親徳）

二、元　神（原初の神）

成《な》れる神《かみ》の名《みな》は、天之御中主神《あめのみなかぬしのかみ》。

解説　「成れる」は鳴れる、「御中《みなか》は真中《まなか》と云ふが如し（御中は真中に通ず）」。（宣長・古事記伝）

参考　「太初にコトバありき」（聖書）コトバ＝ミコト（聖言）＝御言《みこと》なり。
「ことばは神であった、全てのものは、これによってできた、できたもののうち、一つとして、これによらないものは無かった」

解説　天之御中主神は、統一主宰神なり絶対神なり。「中主は、絶対統一の主體にますの義」（水谷清・三種神器）
⦿《スメ》なり、玉（三種神器の一）なり、まこと（真理）なり。万象の帰一する所なり、万象の種子なり。神言は、「清明高天原御言《スメタカアマハラミコト》」なり。

参考　「是れ無上呪なり、是れ大神呪なり」（般若心経）
「一つのもの、虚中に在《なれ》り、状貌《かたち》言ひ難し、其の中に、自ら化生《なりいづ》る神います」（書記一書）
「御中主神は、気形透明体な⦿を以て大御心《おおみこころ》としたまう」（大石凝）
「万物は唯一なる者、最も隠れたるものから、唯一なる神の真理のもとに生まれた」（エメラルド・タブレット）

御中主神

「元神は、虚中の一霊。無去無来、不増不滅」（仙学）
「吾は、在りて在る者なり」（聖書）
「アルファにして、オメガ、永遠の始まりにして、永遠の終わり」（ベーメ）
「一切の諸法は悉く一相に入る」（華厳経）「三界唯一心、心外無別法」（同）
「一つが全体で、全体は一つから生み落とされた」（エメラルド・タブレット）
「隠れたるもののかくれたるもの、存在の存在、虚空の原初の点、円の中心点」（カバラ）
「御中主神は、大虚空の真中に坐まして幽顕の大根元を主宰したまふ神」（本田親徳）

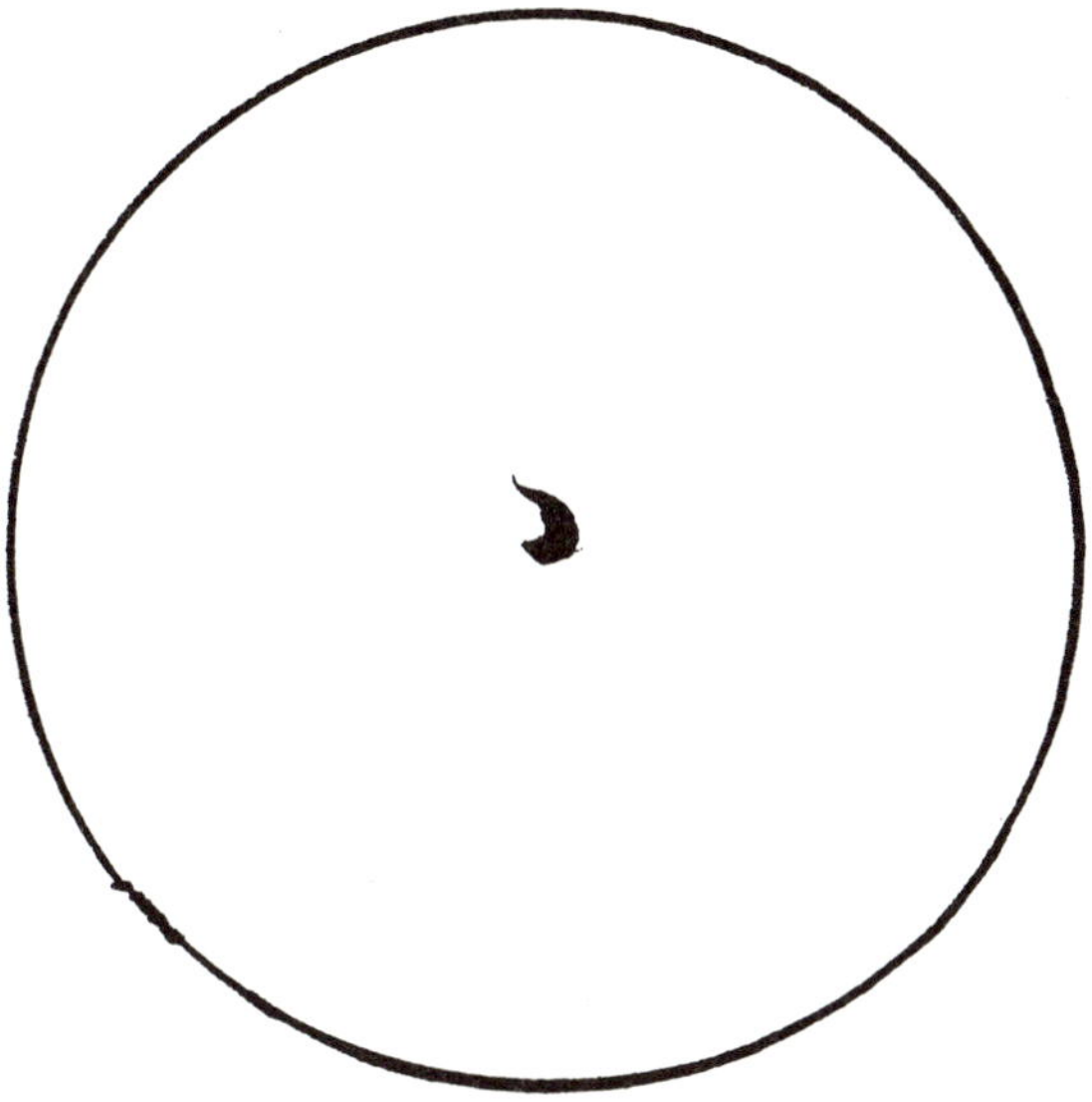

スメ
タカアマハラ
ミコト

元初の一なる絶対神
万象はここより発し、ここに帰一する。万法帰一神。

講究

「御中主神《みなかぬしのかみ》」。何と適切な呼び名であることか、古代の人の叡智がしのばれる、「御中主神」。

ここよりして全ては発し、全ては帰する。万法の発現する所、万法の帰一する所なり。

高天原に鳴り出でたる統一主宰絶対神なるが故に、「スメ（統め）、タカアマハラ（高天原）、ミコト（御言）」なり。

「清《す》め」は「統《す》め」に通ず。「御《ミ》中主」は「真《マ》中主」に通ず。真理当体に座す。

虚空清浄の高天原に、自ら化生《なりいづ》る神いますなり。スメ（清明）、タカアマハラ（高天原）、ミコト（御言）、清浄なる高天原に鳴り出づる神なり。
○タカアマハラに、ゝナリイヅル、ゝ⃝ミナカヌシカミなり、
○タカアマハラは無極なり、ゝ⃝ミナカヌシカミは太極なり
○タカアマハラは真如なり、ゝ⃝ミナカヌシカミは、それよりすれば、万法の種子としての如来蔵なり。

『太極図説』には、

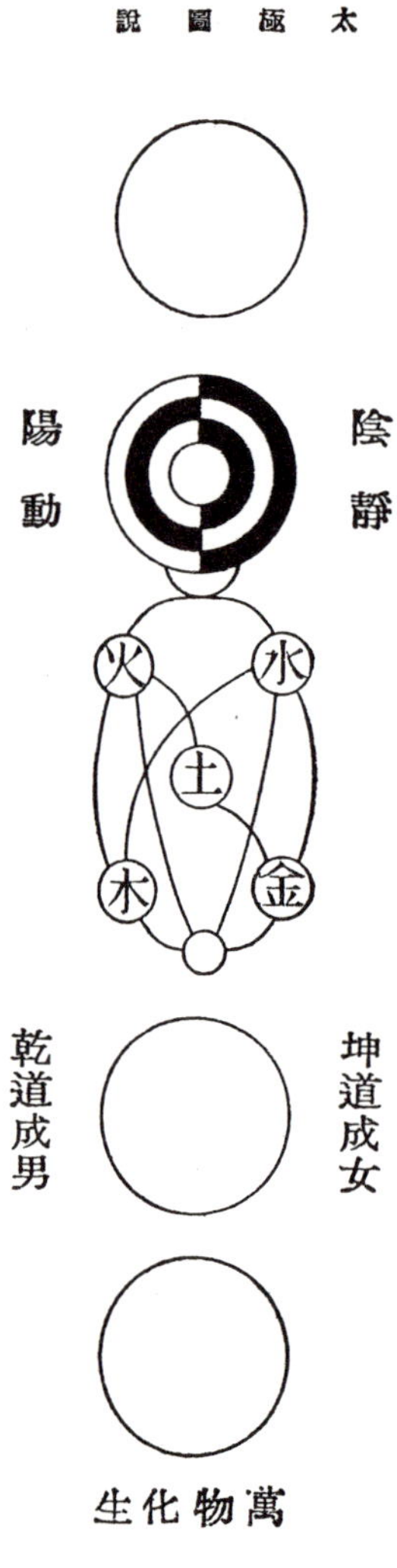

とある。
「無極にして太極。太極動いて陽を生じ、動くこと極まって静かなり。静にして陰を生じ、

静なること極まって復た動く。一動一静、互に其の根と為り、陰に分れ陽に分れて両儀立つ。陽変じ、陰合して水火木金土を生じ、五気順布し四時行はる。五行は一陰陽也。陰陽は一太極也。太極は本無極也。乾道は男と成り、坤道は女と成り、二気交感して萬物を化生す」と。

『造伊勢二所太神宮宝基本紀』に曰く「心の御柱、是れ、則ち、一気之起、天地之形、陰陽之源、萬物之體也」と。

神道五部書の中、是の『宝基本紀』は、神道霊学参学の徒は、必ず目を通すべし、霊智を啓発されること少なからず、初心の者は『神皇正統記』より入れ、其の大筋を知ることを得。

空海はいふ「神道を受けずんば、吾が仏法の奥蔵を悟るなし」と（中臣祓集説）。

凡そ、真理は一つ、神道の清明一心、仏法の真如、自性清浄心は一つなり、万法は、一より出て、一に帰するなり、「一」、ここを、御中主といふなり。

唯一神道にては、「元本宗源の神道」と謂ふ、「元は陰陽不測の元元を明す、本は一念未生の本体を明す。宗は一気未分の元神、万法純一の元初を明す」と（卜部兼倶）。

また、「元を元として、元初《はじめのはじめ》に入り、本を本として本の心に住す。宗とは、萬法一に帰す。源とは緒縁基《もとゐ》を開く」とも云ふ。

「神とは、天地萬物の霊系、道とは一切萬行の起原、三界の有情無情、畢竟、唯だ神道」（唯一神道名法要集）

三、皇祖神（霊系・體系の祖神）

次《つぎ》に高御産巣日神《たかみむすびのかみ》、次《つぎ》に神産巣日神《かみむすびのかみ》

解説

高御産巣日神は、神留岐系、霊（神力）系の柱の頂《いただき》なり。霊神統の太祖なり。
【↑《タカ》】なり、金剛界なり、智恵なり、上求菩提【上↑下】なり、色即是空【空↑色】なり、多即一【一↑多】なり、帰一なり、陽（↑、▲）なり、左旋なり、結霊《むすび》の真澄《ますみ》【真澄↑結霊】なり。

神産巣日神は、神留美系なり、體系（形成）の柱の頂なり。體神統の太祖なり。
【↓《カミ》】なり、胎蔵界なり、慈悲なり、下化衆生【上↓下】なり、空即是色【空↓色】なり、一即多【一↓多】なり、一の顕現なり、陰（↓、▼）なり、右旋なり、真澄の結霊【真澄↓結霊】（真理の顕現）なり。

参考

高御産巣日と云ふは「下より上にムスブ」義なり。
神御産巣日と云ふは「上より下にムスブ」義なり。（大石凝真素美）
「軽きは上り、重きは下るなり」「清《す》み陽《あきらか》なる（▲）ものは、たなびきて天《あめ》（↑）となり、重く濁れるもの（陰、▼）は、つづきて地《つち》（↓）となる」（書記）
摩訶般若は大智、「大慈大悲を名づけて仏性といふ」（涅槃経）

「神は愛なり」（聖書）
「高御産巣日は神智、神産巣日は神温（神愛）」（本田親徳）
「ますみのむすび」は、真理の多様な顕現を云ふ」（友清歓真）

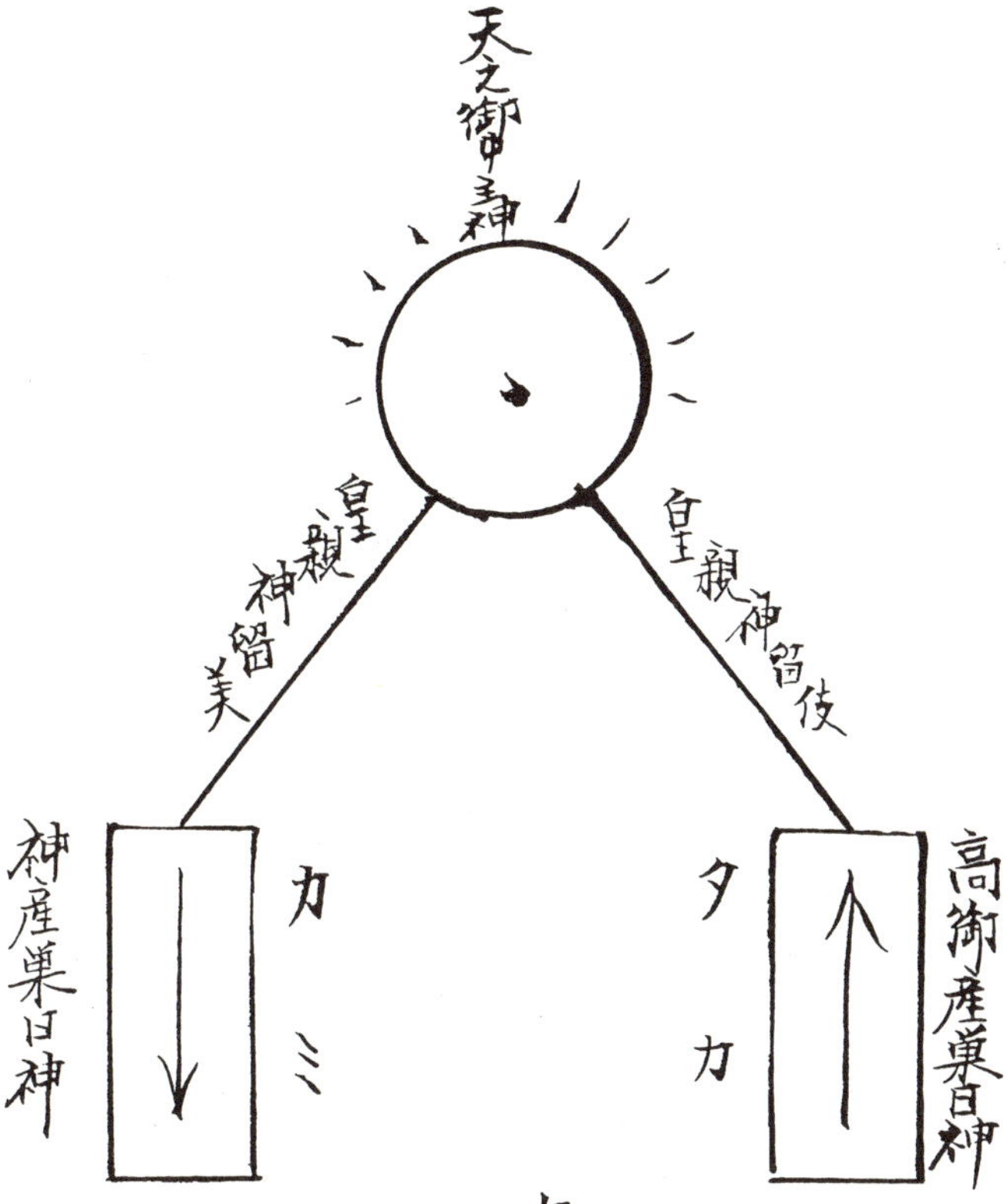

真理の御玉より
無限の智恵と
無限の愛とが
流れ出でた

真理の「一」より、智恵と慈悲が一即多、多即一と展開する。
下から上に螺旋に結ぶタカ御産巣日（↑）神と、
上から下に螺旋に結ぶカミ産巣日（↓）神。

講究「ギ（岐）」は霊系の語をあらわし、「ミ（美）」は體系の語をあらわす。

『古語拾遺』に、高御産巣日（高皇産霊）神を、皇親神留岐命《すめむつかむろぎのみこと》、神産巣日（神皇産霊）神を皇親神留美命《すめむつかむろみのみこと》と称している。祝詞に「皇親神留岐、神留美の命もちて」とあるはこれなり。

働きを【↑】《タカ》（上昇螺旋）と【↓】《カミ》（下降螺旋）に配す、凡そ智火は昇り、慈水は下るなり。

智恵は、螺旋を描いて中心に向かい、慈悲は波の如く、無限に拡がる。これにより、高皇産霊を智に配し、神皇産霊を慈悲に配す。

森田龍遷老師曰く「一心即佛性、佛智見。佛性、佛智見は二つに分ち得られる。一は内面より外部に向かふて延長し、高位より、下層に向ふて沈降するを特性とす、之を本覚と名づける。その二は、下層より高位に向ふて、上昇し、外面より内面に向かふて転入するを、その特性とする、之を始覚と名づく」。（真言密教の本質）

友清歓真師は、真理の顕現を、「ますみのむすび（真澄の結霊）」と称している。松原皓月師は「ますみ即ちむすび、清浄即ち結霊である」と云ふ。

仏教にては、「色とは大悲なり。空とは大智なり、色即是空と観ずるによって大智を成し、空即是色と観ずるによって大悲を成す」と云ふ。

密教にては、金剛界曼駄羅を智恵に配し、胎蔵界曼駄羅を慈悲に配す。

全ては、こうして、神智と神愛により御産霊《みむすび》されたのである。

高天原（〇）――御中主神（⦿）――高皇産霊（↑）・神皇産霊（↓）が分れば、全てが分るのである。ここに、神界及び宇宙の諸法則の枢要が示されている。ここを解する者の幸ひなるかな。

古事記（及び日本書紀）の神典たるは、神界の状況（消息）、法則が示され、伝えられているによる。

第二神界（仮凝身界）の伊邪那岐、伊邪那美、両神の国（州）生みも、第三神界（耀身界）の三貴子（天照、月読、素戔嗚神）の誕生も、この御中主、高皇産霊、神皇産霊の再現なり。

全ての動きには、上昇と下降螺旋がみられるだろう。二（両）者の交融から三（創造）が生まれる。

老子は云ふ「道、一を生じ、一は二を生じ、二は三を生じ、三は萬物を生ず」と。

『古事記伝』十七附巻の「三大考」の図（左図、服部中庸作図）には、「天地の初発、虚中に一物なれる」とある。

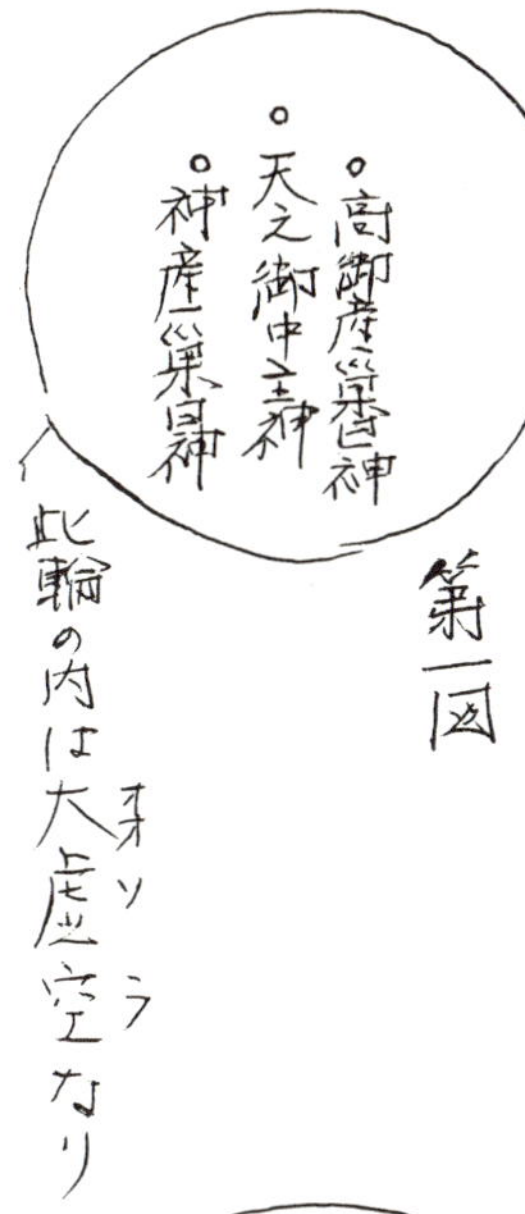

高天原は、全て、唯だ虚空なり。
元神の三位一体神。

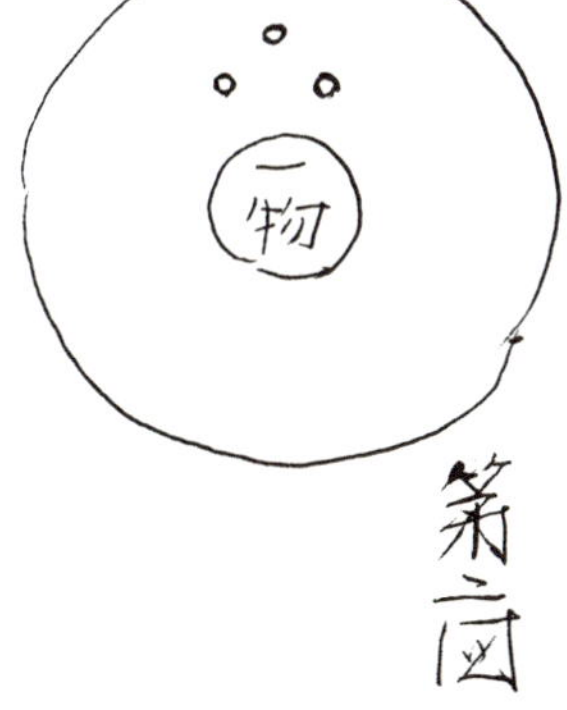

虚空の中に三柱の神生まれ、そこに一物が生まれてくる。

附　「道之大原《みちのおおもと》」（抄）（本田親徳）

（※無形の神。一霊四魂が心、智と愛等、霊学の基本を伝ふ）

一、天主一物を創造す。（万有は神の創造）

二、萬物の中は有形の中なり、其の中測る可し。神界の中《ちゅう》は無形の中なり、其の中測る可からず。

三、顕界の活物は、大国主の所轄に係る。（地球主宰は大国主神）

四、人心は、大精神の分派。故に生無く死無く之れが制御する所たり。（人心と大精神）

五、上帝は四魂一霊を以て心を造り、之を活物に賦す、地主三元八力を以て体を造り、而して之を萬有に与う、故に其の霊を守るものは其の体、其の体を守るものは其の霊。（霊と体）

六、大精神の体たるや、至大無外、至小無内、所在無きが若く、所在せざる無きが若し。（至大なる神）

七、大精神は、無声に聴き、無形に視る、故に、既往を知り、未然に察す、大精神、この至霊を以て神子にたまふ。神子尊奉して竟《つひ》に至徳を成す、是れ治心の本、修身の要。

八、神子善心を治むれば、大精神之れに霊魂を与え、神子、良行を乱せば、大精神之れが霊魄《はく》を奪う。其の与奪の速やかなること影の形に従うが如し。（大神と神子、霊界と現界）

九、心を尊び、体を卑しむは善を為すの本。体を尊び、心を賤《いや》しむは悪を為すの本。（霊主体従）

一〇、荒魂は、神勇、和魂は神親、奇魂は神智、幸魂は神愛、乃ち所謂霊魂にして直霊《なほひ》なるもの之を主宰す。（神勇・神智・神愛）（一霊四魂）

一一、幽斎は、霊を以て、霊に対す、顕斎は、形を以て形に対す、故に、幽斎には神像宮社無くして、真神を祈り、顕斎には、神像宮殿有りて像神を祭る。（幽斎と顕斎）

一二、神眼赫々固《もと》より幽顕無く、死生理を一にす、何ぞ之を二とせむ。
一三、霊学は心を浄くするを以て、本と為す。故に、皇神《すめかみ》、鎮魂を以て之を主と為す。百姓尊奉して日に真心を練る。（霊学の根本）
一四、古《いにし》へ、体を称して命《みこと》と曰《い》い、霊を称して神と曰う。（霊とは神なり）
一五、神光、之れを高皇産霊神と謂い、神温之れを神皇産霊神と謂う。（神光は智恵、神温は慈悲）

附 「口伝抄」（本田親徳）

高皇産霊神皇産霊二神ハ神漏岐神漏美ト云フ、此名幽事ニ付テ大ナリ。

無形ノ神ニ上中下品位アリ。上トハ天真中主神ナリ、中トハ両皇産霊神ナリ。

下トハアシカヒヒコチノ神、常立神、トヨクモヌ神。

有形ノ神ニモ上中下アリ。上ハ天照皇太神、中ハ大国主神、下ハ月夜見命ナリ。人魂ハ悉ク此神々ニ附属ス。

朝暮神前ニテ唱言（ヒフミヨイムナヤコトモチロ……アセエホレケ）

婦人ニハ、「マナカタラ」ト朝夕唱サセテヨロシ。

皇国固有ノ霊学ハ鎮魂、帰神、太占《フトマニ》ノ三ニシテ、禁厭ハ鎮魂ノ作用ノ一ナリ。

霊魂ハ、神界ノ賦与ニシテ即チ分霊ナリ。

四、三位一体の隠身神（絶対神）

この三柱《みはしら》の神《かみ》は、みな獨神《ひとりがみ》となりまして、身《み》を隠《かく》したまひき。

解説

三にして、しかも一なり、実相は一つ、一（真理）の三顕現なり。

獨神、隠身なる時は、分るるも一つなり、三位一体なり。

この三柱は、隠（密）界の三柱なり、顕界の三柱は、耀身《かがりみ》界の三貴子（天照大神、素戔嗚尊、月読尊）となりて顕現すなり。
（一）高天原神留坐《タカアマハラニカムヅマリマス》、皇親《スメムツ》（二）神漏岐《カムロギ》（三）神漏美《カムロミ》、御言以《ミコトモチ》て（祝詞）

参考

「獨《ひとり》」は、「霊交《ひとり》」の義にして、無始無終の神徳に座して、誰れ造化するともなく、自然に生りたまへるをいう。（本田親徳）
「無形の神ニ上中下アリ、上トハ天之真中主神ナリ……有形の神ニモ上中下品位アリ、上ハ天照皇太神ナリ」（本田親徳）
「天《あめ》の道、獨り化《な》る」（書記）
「三つの至高の三角形、最初の三位一体」（カバラ）
「上の如く、下も然り」（エメラルド・タブレット）
「法身の佛には、実相の妙理を念じ、報身の佛には、常住の智恵を念じ、応身の佛には、随

縁の大悲を念ず」（女院御書）

「無極にして太極、太極陰に分れ両儀たつ、陽変じ、陰合して五行生ず」（太極図説）

真理・智恵・慈悲の三位一体、無形の神は絶対神。御中主神は絶対統一主宰神。

無限光明は智恵、無限寿命は慈悲となって展開す。有形の神は人格神。天照大神は、無限光明無量寿神。

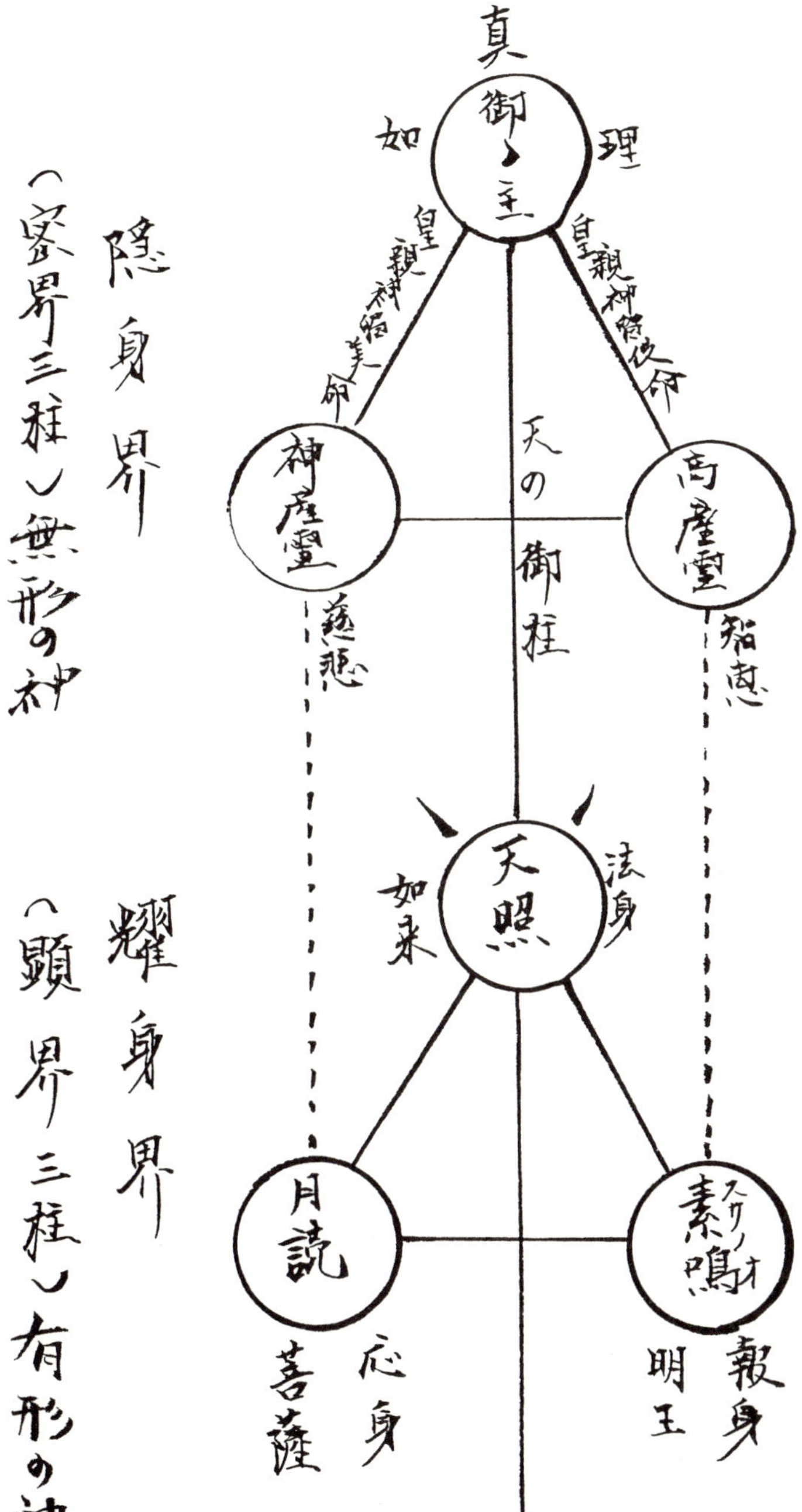

高天原に鳴り出でた天御中主神、高皇産霊神、神皇産霊神、の三柱は、密界（隠身絶対界、言語不説界）の三柱であり、是処《ここ》は、第一の高天原である。第二の高天原は、天照大神、素戔嗚尊、月読神の顕はれ出でし、三貴神誕生の耀身神界である。宮地神仙道にては、第一の高天原（上天）を北天神界（紫微宮）、第二の高天原（下天）を太陽神界とし、以下、第三を神集岳、第四の神界を万霊神岳としている。太陽神界以下の神界は、スウェデンボルグの霊界の記述に近似しているかに思ふ。

『太極図説』に曰く「無極にして、太極、太極動いて陽を生じ、陰を生じ、陰に分かれ陽に分かれ、両儀立つ」。無極は高天原なり、太極は御中主なり、両儀は高皇産霊、神皇産霊なり。

山口志道『水穂傳』所収、布図麻邇御霊の展開図は、

となっている。

⊙は御中主であり、⊖は高皇産霊、神皇産霊であり、⊕は次の四神（宇麻志アシカビ、ヒコジ神、天之常立神、国之常立神、豊雲野神）であり、⊠は八尋殿《やひろどの》である。神明の生れませぬ展開、神界産みの過程であり、「一《ヒ》二《フ》三《ミ》四《ヨ》五《イ》六《ム》七《ナ》八《ヤ》九《コ》十《ト》百《モ》千《チ》萬《ロ》」でもある（ヒフミ神歌、天の数歌→ヒフミヨイムナヤコトモチロ、ラネシキルユヰ、ツワヌソヲタハクメカウオヱニサリヘテノマスアセエホレケ）。凡そ「一《ヒト》二《フタ》三《ミ》四《ヨ》五《イツ》六《ム》七《ナナ》八《ヤ》九《ココノ》十《タリ》」は、深意あるべし、一は御中主、二は高皇産霊、……、乃至、一《もと》は統一、二は分岐、三は創造、……。

『神道由来記』に謂ふ「それ、吾が国は、天地と倶に神明顕はれます、故に、国を神国と云ひ、道を神道と云ふ」と（吉田兼直）。

附　「造伊勢二所太神宮宝基本記」（抄）

「人ハ乃チ天下ノ神物ナリ。須ク静謐ヲ掌ベシ。心ハ乃チ神明ノ主タリ。心神ヲ傷《イタシ》ム莫《ナカ》レ。神垂ハ祈祷ヲ以テ先ト為シ、冥加ハ正直ヲ以テ本ト為ス。其ノ本誓ヲ任テ皆、大道ヲ得シメバ、天下和順シテ、日月精明ナリ。神ヲ祭ルノ礼ハ、清浄ヲ以テ先ト為シ、真信ヲ以テ、宗ト為ス、其ノ精明ノ徳ヲ致シ、左ノ物ヲ右ニ移サズ、口ニ穢悪ヲ言ハズ、目ニ不浄ヲ見ズ、永ニ謹慎ノ誠ヲ専ニシテ、宜シク如在ノ礼ヲ致スベシ。総ジテ、天地ト人形ト、人体ト宝舎ト、其ノ名ヲ異ニスト雖モ、而モ、其ノ源ハ一ナリ。天地人ノ三才、当ニ之ヲ受クルニ清浄ヲ以テシ、之ヲ求ムルニ神心ヲ以テシ、之ヲ視ルニ無形顕実ヲ以テスベシ。故ニ、無相鏡ヲ以テ、神明ノ御正体トナスナリ。災ヲ掃ヒ、福ヲ招クコトハ必ズ幽冥ニ憑ル。神ヲ敬ヒ仏ヲ尊ブコトハ清浄ヲ先ト為ス」

附　「霊学筌蹄」（友清歓真）

ヒト、フタ、ミ、ヨ、イツ、ムユ、ナナ、ココノ、タリ、モモ、チ、ヨロヅ。これは天体発生進化の順序を謳《うた》はれたもので、霊交《ヒト》、活力《フタ》、体《ミ》、因《ヨ》、出《イツ》、燃《ムユ》、地成《ナナ》、彌《ヤ》、凝《ココノ》、足《タリ》、百《モモ》、千《チ》、夜出《ヨロヅ》である。霊交《ヒト》は、天之御中主神である。フタは、是れ即ち高皇産霊神、神皇霊神である。道は体霊《ミチ》（身霊《ミチ》）、右左《ミチ》、陰陽《ミチ》である。

附　神界の展開図

布図麻邇《ふとまに》御霊（一名、火凝霊《かごたま》と謂う）山口志道『水穂傳』所収

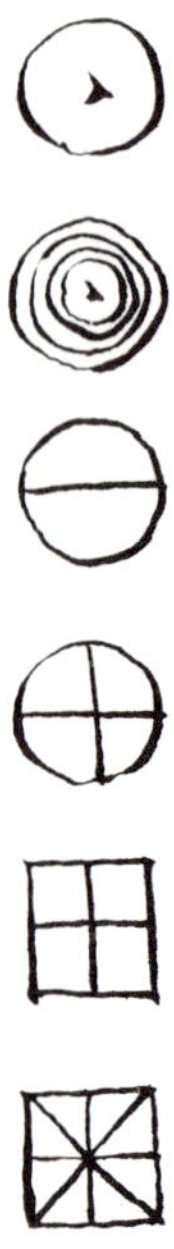

『天造神算木運用秘書』所収図（大石凝）

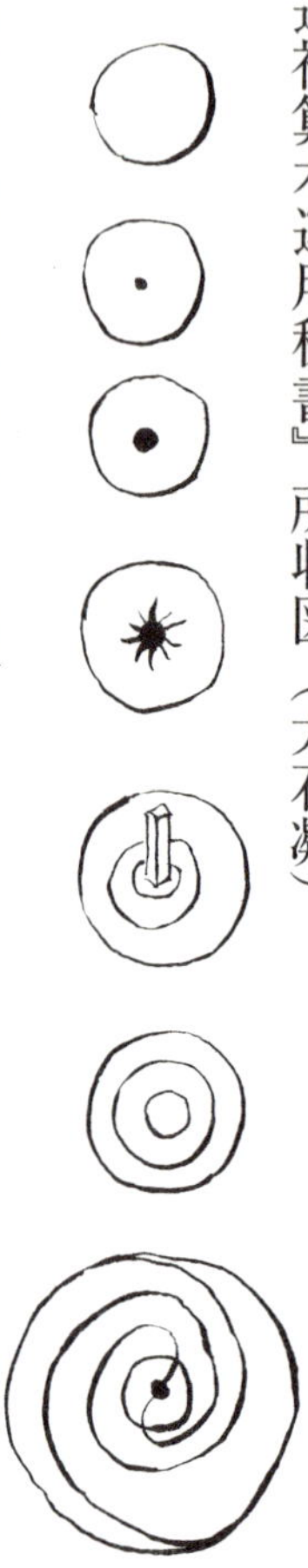

『古代文字考』（落合真澄）所収

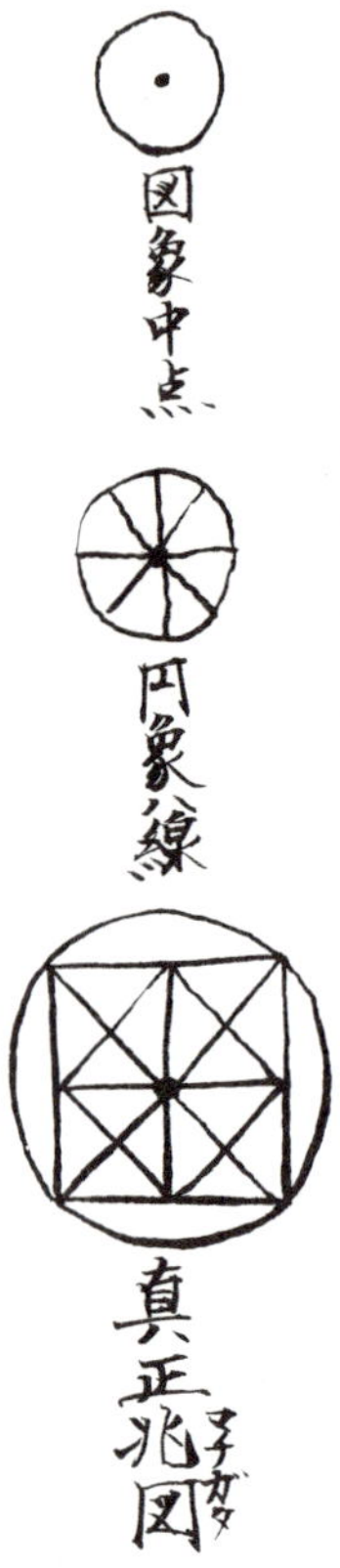

ヒフミ神歌は神界の創世開展の次第を示す象徴（神相）図なり

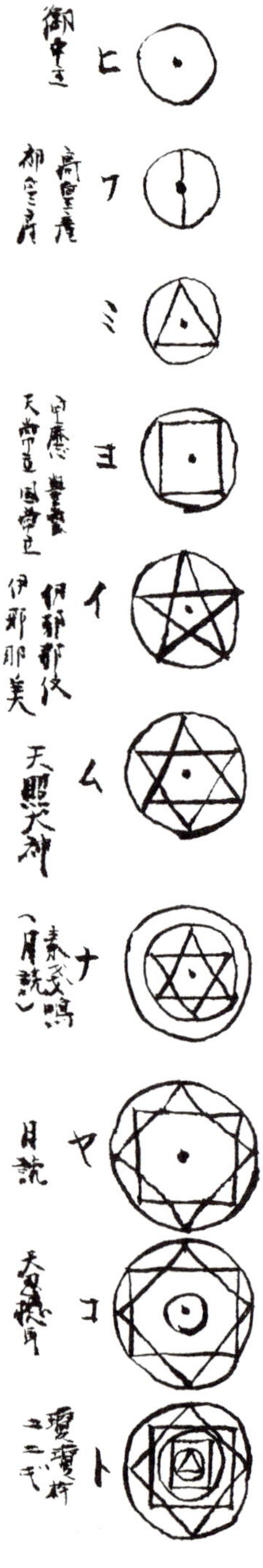

今日の話題社・愛読者カード

ご購入図書名

ご購入書店名

※本書を何でお知りになりましたか。

イ　店頭で（店名　　　　　　　　　）

ロ　新聞・雑誌等の広告を見て

（　　　　　　　　　　）

ハ　書評・紹介記事を見て

（　　　　　　　　　　）

ニ　友人・知人の推薦

ホ　小社出版目録を見て

ヘ　その他（　　　　　　　　　　）

※本書について

内容　　　（大変良い　良い　普通　悪い）

デザイン（大変良い　良い　普通　悪い）

価格　　　（高い　普通　安い）

※本書についてのご感想（お買い求めの動機）

※今後小社より出版をご希望のジャンル・著者・企画がございましたらお聞かせ下さい。

出版したい原稿をお持ちの方は、弊社出版企画部までご連絡下さい。

郵便はがき

料金受取人払

大崎局承認

4836

差出有効期間
平成19年6月
12日まで
(切手不要)

1 4 1 - 8 7 9 0

1 1 5

東京都品川区上大崎2－13－35
ニューフジビル2階

今日の話題社 行

■読者の皆さまへ

ご購入ありがとうございます。誠にお手数ですが裏面の各欄にご記入の上、ご投函ください。

今後の企画の参考とさせていただきます。

お名前	男 女	才
ご住所 〒		
ご職業	学校名・会社名	

附　「神皇正統記」（抄）

大日本《おほやまと》は神国《かみのくに》なり

鏡は一物をたくはへず、私の心なくして萬象をてらすに是非善悪のすがたあらはれずと云ことなし、其のすがたにしたがひて感応するを徳とす、これ正直の本源なり、玉は柔和善順を徳とす、慈悲の本源なり、剣は、剛利決断を徳とす、智恵の本源なり、此の三徳を合せ受けずしては天下の治まらんことまことにかたかるべし

凡そ、心正なれば、身口はおのずから清まる、三業に邪なくして内外真正なるを諸仏出世の本懐とす。神明の垂迹も、又これがためなるべし。

又、八方に八色の幡を立つることあり、八正の幡をたてて八方の衆生を済度したまふ本誓を能々思入れてつかまつるべきにや

心に一物をたくはへず、己が欲をすて人を利するを先として、境々に対すること鏡の物を照すが如く、明々として迷はざらんをまことの正道と云ふ心きにや。代くだれりとて自ら賤むべからず、天地の始は、今日を始とする理あり、加之君も臣も神をさること遠らず、常に冥の知見をかへりみ、神の本誓をさとりて正に居せんことを心ざし、邪なからんことを見給べし。

五、霊體産霊の昇降

次《つぎ》に、国稚《くにわか》く浮《う》きし脂《あぶら》の如《ごと》くして、海月《くらげ》なす漂《ただよ》へる時《ときに》、葦牙《あしかび》の如《ごと》く萌《も》え騰《あが》るものによりて

解説 アシカビは、右旋（神皇産霊）の力と、左旋（高皇産霊）の力を合わす様、合掌の様なり、合掌の尊相は、これによる。（智恵と慈悲の合）

参考 「浮き脂の如く」は、モロモロと訓《よ》め、「漂へるは」対照力の張り詰めおる様。（大石凝）
「アシカビの如く」は、神霊元子が充実実相して居る様、あたかも、手掌を以て、打ち合はする如くに締め寄する様なり、天地の呼吸なり。（大石凝）
「萌えは、神産巣日、騰るは、高御産巣日のこと、かくて、天地産霊の機が昇降することを示すなり」（大石凝）
「右手は光明遍照（智恵）、左手は摂取不捨（慈悲）」（浄土真宗）
然れば、神道霊学の徒は、「合掌」と「呼吸」を忘るべからず。神意あるべし。両の手に「萌え—騰る」神の呼吸（エネルギー）を感ずべし。

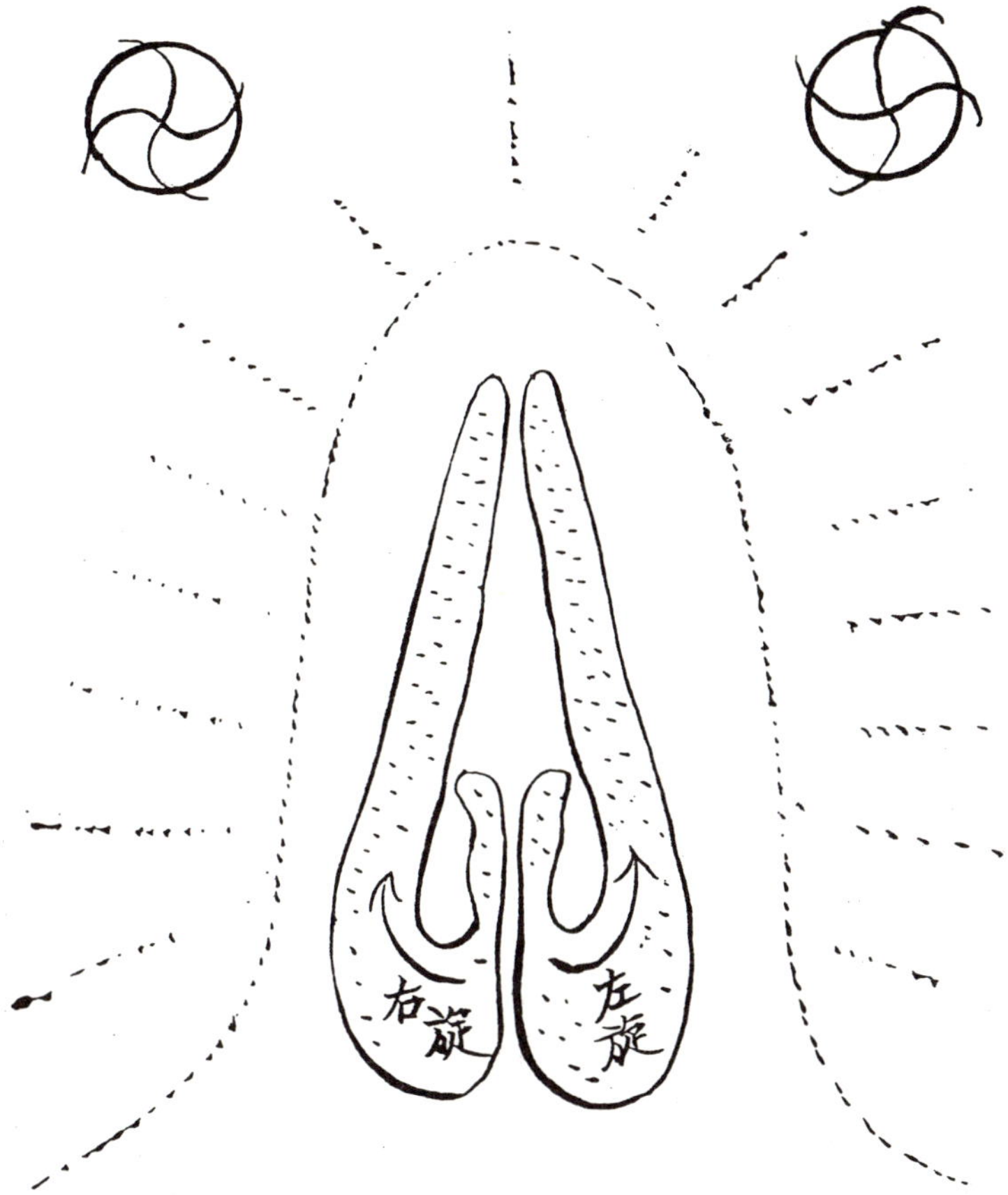

アシカビは合掌相なり

智恵と慈悲の合掌なり。合掌と呼吸は神へ至る道。
智恵と慈悲の合体は、真理。合掌・正坐・呼吸は
神人合一の正道。

六、天火水地四神

成《な》れる神《かみ》の名《みな》は、宇摩志阿斯訶備比古遲神《うましあしかびひこぢのかみ》、次に、天之常立神《あめのとこたちのかみ》、この二柱《ふたはしら》の神もまた獨神《ひとりがみ》と成りまして、身《みみ》を隠《かく》したまひき。次に成れる神の名は、国之常立神《くにのとこたちのかみ》、次に豊雲野神《とよくものかみ》、この二柱の神もまた、獨神《ひとりがみ》と成りまして、身を隠したまひき。

解説

宇摩志阿斯訶備比古遲神は、火性神、男性神。

天之常立神は、天性神、「常立」は永遠性、不滅性を有す。

国之常立神は、地性神。豊雲野神は、水性神、女性神。

「天火水地」は、神霊界の四大なり、永遠性を有する四大なり。

四あるといへど、「獨り神と成りまして隠る」時は一つなり。

ウ音は、天之常立神の御本質で天之象であり天の性。エ音は、宇摩志阿斯訶備比古遲神の御本質で、火之象。ア音は、国之常立神の御本質で地の象。オ音は、豊雲野神の御本質で水の象。（水谷清・三種の神器）

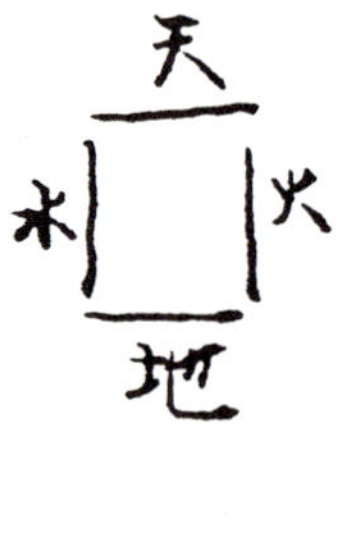

参考

「天先づ成りて、地、後に定まる」（日本書紀）

解説

霊先（霊主）、體後（體従）なり。

四大は、形成の礎《いしずえ》、準備せられたるを証す（四の囲いあるによりて形成あり）。

一なるものが二と分れ、二なるものが回転（旋回）し四となる。四は旋回し、八となりて拡がりゆく。神道の生成開展は、二→四→六→八と偶数開展なり。調和発展なるが故に。

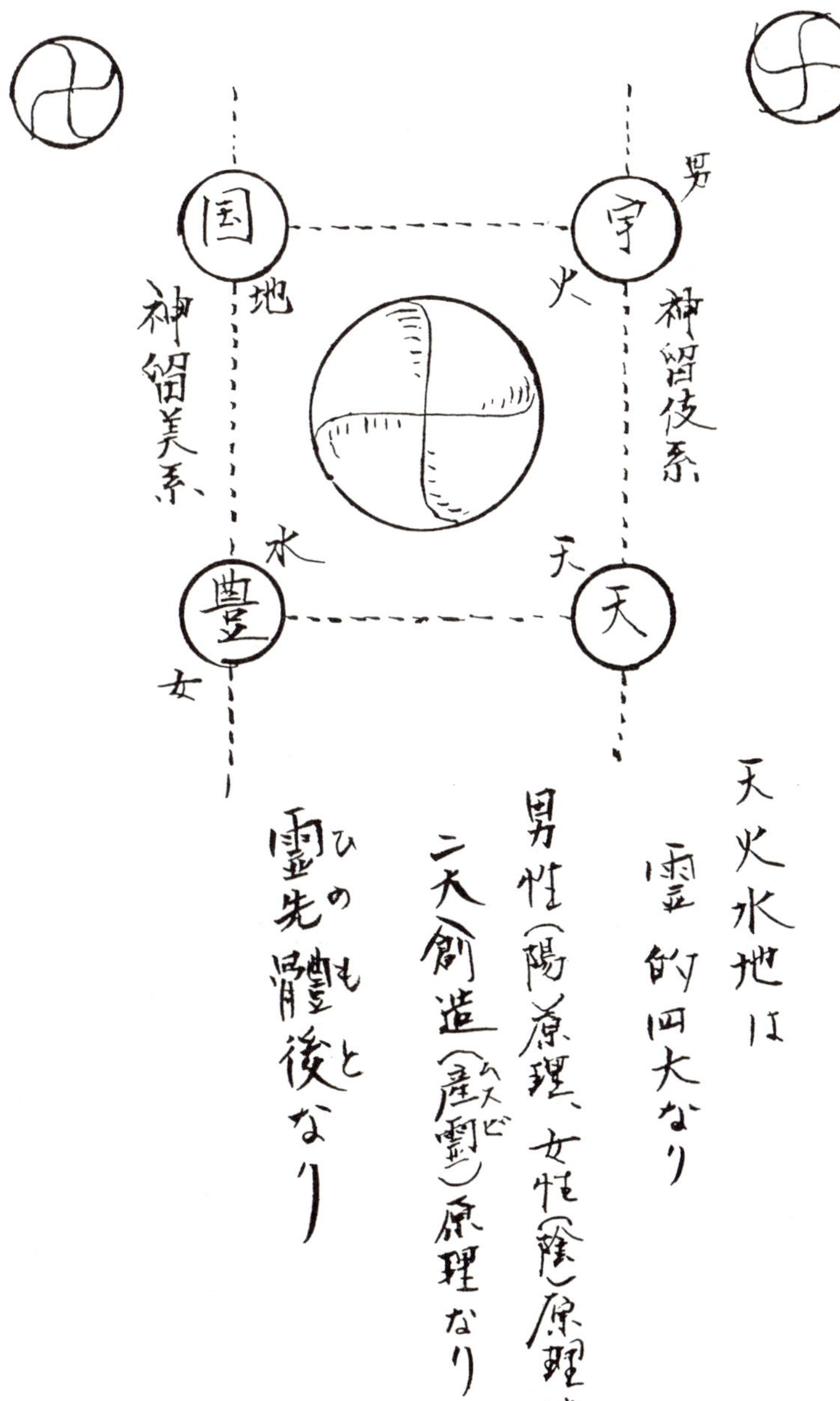

「天・火・男・陽」原理と「地・水・女・陰」原理の産霊（むすび）によりて全ては創造・産出・形成さる。

講究

アシカビは、上よりみれば卍相、横よりみれば合掌相なり。絶対界（第一界）に於ける右旋、左旋の合、神霊元子の沸騰なり。対照力の寄せ合い、せめぎ合う様なり。この肉身を有する限身界（第五神界）に於ける合掌行にても、エネルギーの流れを感じるものなり。背筋を伸ばして座り、合掌し、息を長く吐き吸うこと。後は息に任せること。

友清歓真氏は、「合掌の心」を次の如く示している。

「合掌は、人と人とを和らげ、神と人とを結びます。

合掌は、人を清め、人を美はしくします。

合掌は、最も易しくて、最も幽玄な「ざんげ」の行です。

合掌の心は、神に通ずる唯一の路です。

合掌の心は、愛を超越した愛にまでひろげていきます」と。

飯田孝治氏は書紀注にて、「牙は『合《かみ》』の義、即ち、発芽《めばえ》が相合わさって恰も、合掌せる如き状態にある時の稱」と言っている。（日本書紀新講）

参考

『古事記伝』「三大考」第三図は、下図の如くである。

一物の中に、霊系の神が先に現出す。
體系の神がその後、現出す。
すなわち、霊先體後の順である。

講究

ヒコヂは男性を示し、ヒメは女性を示す。ヂは祖神を示す。

豊雲野神は、「豊組む」と同義で、豊かに組織する意である。男性的要素、女性的要素、天的要素、地的要素の回転螺旋交融ありて、形成の準備整いまするなり。

易に曰く、「大いなるかな乾元、萬物資《と》って始む。至れる哉坤元、万物資って生ず。乃ち順《したご》うて天に承《う》く、坤は厚うして物を載す。徳は無窮に合ふ」と天徳あり、地徳あり、相互無窮なり。また、繋辞上傳に曰く、「天尊く、地卑しくして乾坤定まる。乾道は男を成し、坤道は女を成す。乾は大始を知り、坤は成物を作す」と、また「易に太極あり、是れに両儀を生ず。両儀、四象を生ず、四象、八卦を生ず」とあり。四象は四神（男性・火性神、女性・水性神、天性神、地性神に相応す。八卦は、次の八神（宇比地邇から……妹阿夜訶志古泥まで）に相応す。神道も易も展開は、一→二→四→八なり。

参考

『古事記伝』「三大考」第四図は、左図の如くである。

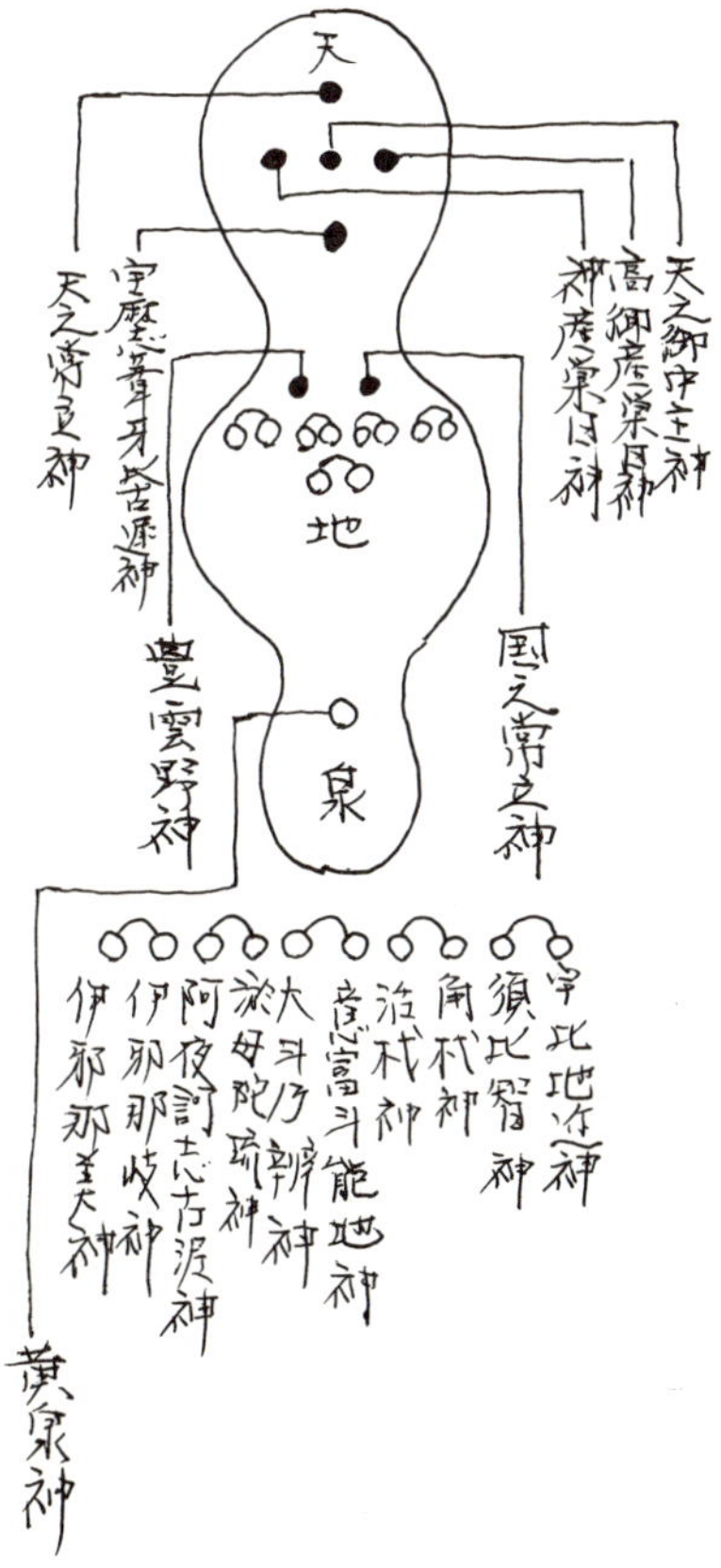

隠身（絶対）、仮凝身（創造）界の上天の神々の出揃いである。万有創造の準備整いたる様なり。

七、創造二神（仮凝身神）

次に成れる神の名は、宇比地邇神《うひぢにのかみ》、次に妹須比智邇神《いもすひぢにのかみ》、次に角杙神《つのぐひのかみ》、次に妹活杙神《いもいくぐひのかみ》、次に意富斗能地神《おほとのぢのかみ》、次に妹大斗乃辨神《いもおおとのべのかみ》、次に於母陀《おもだ》流神《るのかみ》、次に妹阿夜訶志古泥神《いもあやかしこねのかみ》、次に伊邪那岐神《いざなぎのかみ》、次に伊邪那美神《いざなみのかみ》。

解説

言霊の出そろいなり、神より神々が御産霊《みむすび》なされ、高天原に神づまりますなり、霊系（仮凝身界、創造界の生成）、體系（星雲界）。

天性神、火性神、水性神、地性神出そろいて、修理固成の準備整うなり。

その創造統一神は、伊邪那岐神、伊邪那美神の二神なり。

参考

「ゐざなぎの御言《みこと》」と申し奉るは、「う声」をさして申し奉るなり。

「ゐざなみの御言」と申し奉るは、「あ声」をさして申し奉るなり。

共に相互にゐざないて七十五声の鏡の国を造り玉ふなり。（大石凝）

「乾坤の道、相参《あいまじは》りて化る」（書紀）

「男女耦《たぐひなる》 生之神」「一陰一陽之を道と謂ふ」（易経）

「道ハ生ジレ一ヲ、一ハ生ジレ二ヲ、二ハ生ジレ三ヲ、三ハ生ズ二萬物ヲ一」（老子）

「聖音は、種々に顕現す、ア字は一切神にして粗神、ウ字は金胎神にして細身、梵天は聖音より生じたり。ヴィシュヌ神は聖音より生じたり」（ウパニシャッド）

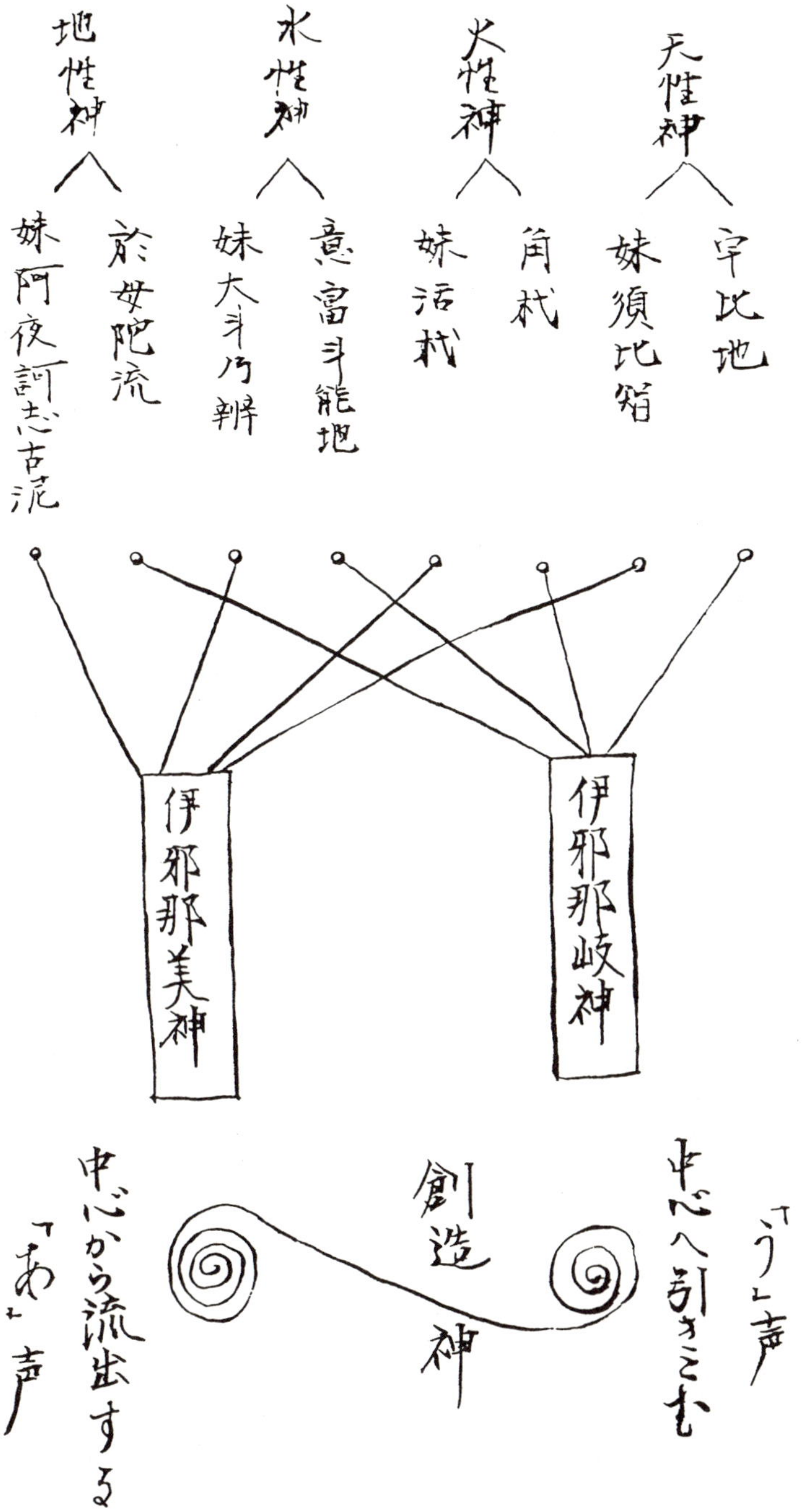

天火水地、男女たぐひなる神
出揃いて準備万端整うなり。

講究

「八」は神道の完全数なり。

本田親徳翁は、八神を八力に当てている。動静凝解引弛合分の八力なり。

天徳、火徳、水徳、地徳それぞれに男徳、女徳備わり、男女耦生之神、出そろいたるなり。

神留伎（霊）系統一創造神は伊邪那岐神、神留美（體）系統一創造神は伊邪那美神なり。

霊系内聚を「う」声となし、體系流出代表声を「あ」声となす。

「あー・うー・む」（AUM）は、神（真）言なり。

乾（男）、坤（女）の道は、絶対界では、絶対そのものであり、仮凝身界では、創造と現れ、耀身界では、統一・調和として顕れ、駆身界では想像産出と現出し、限身界では、生殖行為として現れている。

鎮魂祭にては「天地陰陽生《アティメオオオオ》」と唱ふ。

参考

「ア字は、これ一切字の母、一切声の体、一切実相の源なり。ア字は、本不生より一切の法を生ず。ウ字は、これ一切諸法損滅の義なり。もしウ字を見れば、一切の法の無・常・空・無我等を知る」（空海、吽字義）
「五大にみな響き有り。十界に言語を具す。六塵ことごとく文字なり。法身は、これ実相なり」（空海・声字実相義）

講究

神界は、多重の階層を有している。神道にては、五重の層にて神示されておる。それを「五種神界《いつくさのかみのくに》」と称す。五種神界論は、水谷清翁に負う。

三種神器の一たる五百箇御統勾玉は、神統《みすまる》を表徴している。

全ての神、全ての物、全ての人は、御中主神より発し、御中主に帰する。勾玉は、陰神《めかみ》・陽神《おかみ》を表し、全ては一つの糸につながれている。

宮地水位先生の『異境備忘録』にては、神界・神仙章に、

一、幽界の大都は、第一紫微宮、第二日界、第三神集岳、第四萬霊神岳なり、されども、常に幽政を行ふ法式を定むるところは、神集岳なり（第一北斗神界は銀河神界に、第二日界は太陽神界に相当す）、

一、幽界は八通に別れたれとも又、其、八通より数百の界に別れたり、然れども、宇内の幽府は第一に神集嶽、第二に萬霊神嶽なり、とある

よって、朝拝、夕拝し、「天照大神、天津神国津神八百萬神、祓い給ひ清め給ひ、幸ひ給へ」と唱ふべし。神道は常に「清浄を以て先と為す」ものなり。

幽界の消息を知るにあたっては、スウェーデンボルグの著も参照すべし。彼は言う「私は二十余年にわたり、肉体をこの世に置いたまま、霊となって人間死後の世界、霊の世界に出入りしてきた」（霊界日記）と。

八、三種神器の一（五百箇御統勾玉・五種神界）

『五種神界《いつくさのかみつくに》』（神相神統図――五百箇御統勾玉《いおつみすまるのまがたま》）

五種神界	代表神	性格
一、隠身界《カクリミ》	天御中主神	絶対
二、仮凝身界《カゴリミ》	伊邪那岐神 伊邪那美神	創造
三、耀身界《カガリミ》	天照大御神 月読神 素戔嗚神	統一・調和
四、駆身界《カケリミ》	正勝吾勝勝速日天忍穂耳尊	自在
五、限身界《カギリミ》	日子番能瓊瓊杵尊	限定

五種神界、五にして一、一にして五、五重の塔なり、高殿なり、神体なり、人体なり。

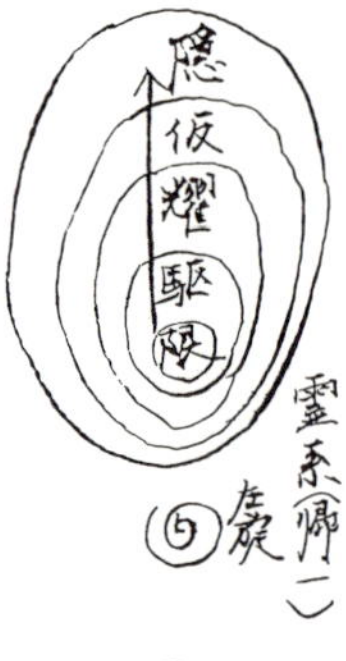

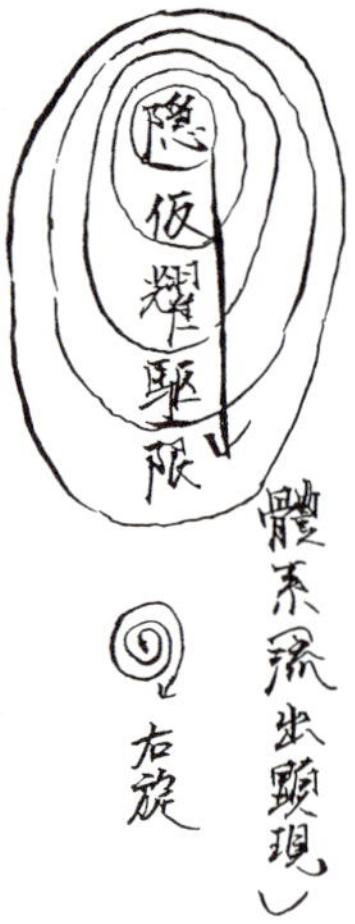

隠 仮 耀 駆 限

参考

「宇宙的な秩序とは、まず神があり、次に巨人という形での聖なる人間があり、次いで内なる人間、そして吾々の肉体という形がある。天界の階層はあたかも、一人の人間の肩の上にもう一人の人間が足を置き、次々に乗っかっているかのようである」（スウェーデンボルグ）

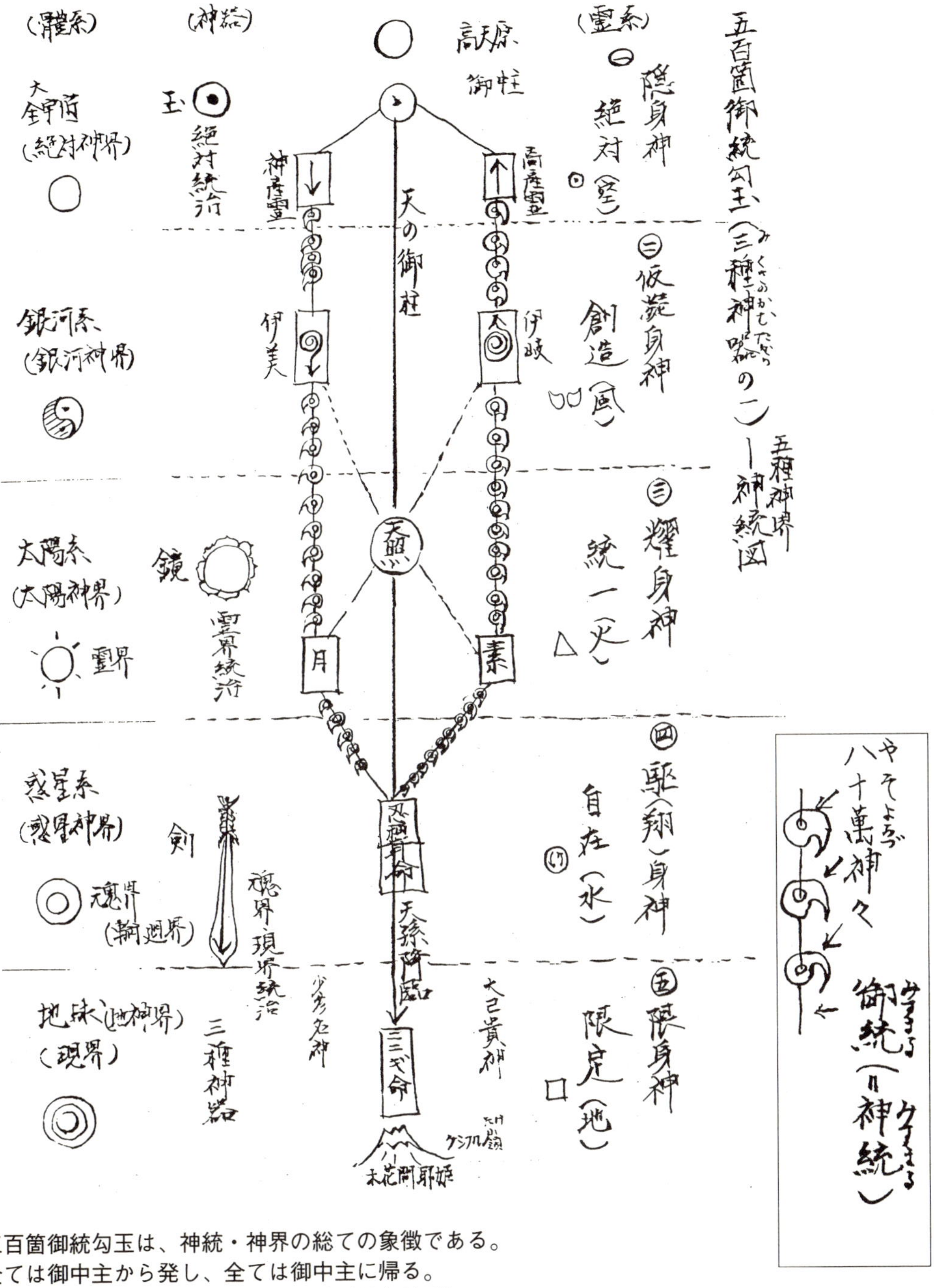

五百箇御統勾玉は、神統・神界の総ての象徴である。
全ては御中主から発し、全ては御中主に帰る。
高皇産霊—伊邪那岐—素戔嗚は霊系（神留岐系）、
神皇産霊—伊邪那美—月読は、體系（神留美系）。
天照皇大神は御中主の直統。。三種の神器は、神具であり、神伝である。

九、修理固成（宇宙理念と天瓊矛）

ここに天《あま》つ神《かみ》、諸々《もろもろ》の命《みこと》もちて、伊邪那伎《いざなぎ》、伊邪那美命《いざなみのみこと》、二柱の神に「この漂《ただよ》へる国《くに》を、修《おさ》め理《つく》り固《かた》め成《な》せ」と詔《の》りて、天《あめ》の瓊矛《ぬぼこ》を以賜《たま》ひて言依《ことよ》さしたまひき。

解説

諸々の命↓種々の御言（言霊）なり。

漂《ただよへ》へる↓対照るなり、対照力ある様態《さま》なり。　修理固成↓理念によりて型どれとなり。

天の瓊矛↓玉（御中主神の理念）を頭に飾った（内蔵せる）創造力を発揮する如意棒なり、御柱なり、中心軸なり、独股（法身一理）なり、想像理念を波動伝播するなり。

参考

「天瓊矛は、獨股金剛なり、獨股杵は、大日如来の三昧耶身なり」（空海・天地麗気記）

「天瓊矛は、漂へる衆星を修り固めて、天地界とし給ふ御力なり」（本田親徳）

講究

神風伊勢宝基珍図天口事書に、「天御量柱は、天瓊戈の異名同体に坐す也。一基を以て、天地を分ち、而して内外の心御柱と為す也」とあり、次の図を載せている。

また、「天口事書」にては「心御柱、一名、天御量柱、是れ、則ち、伊邪那岐、伊邪那美尊の御量事の化原、陰陽変遷の本基、諸神化生の心合」とある。

諸々の振動数を有する言霊波紋をもって漂へる、（対称力の押し合い、へし合いする様態）世界を、天の瓊矛を心の御柱（中心軸）となし、秩序ある創造神階、創造宇宙となせということなり。

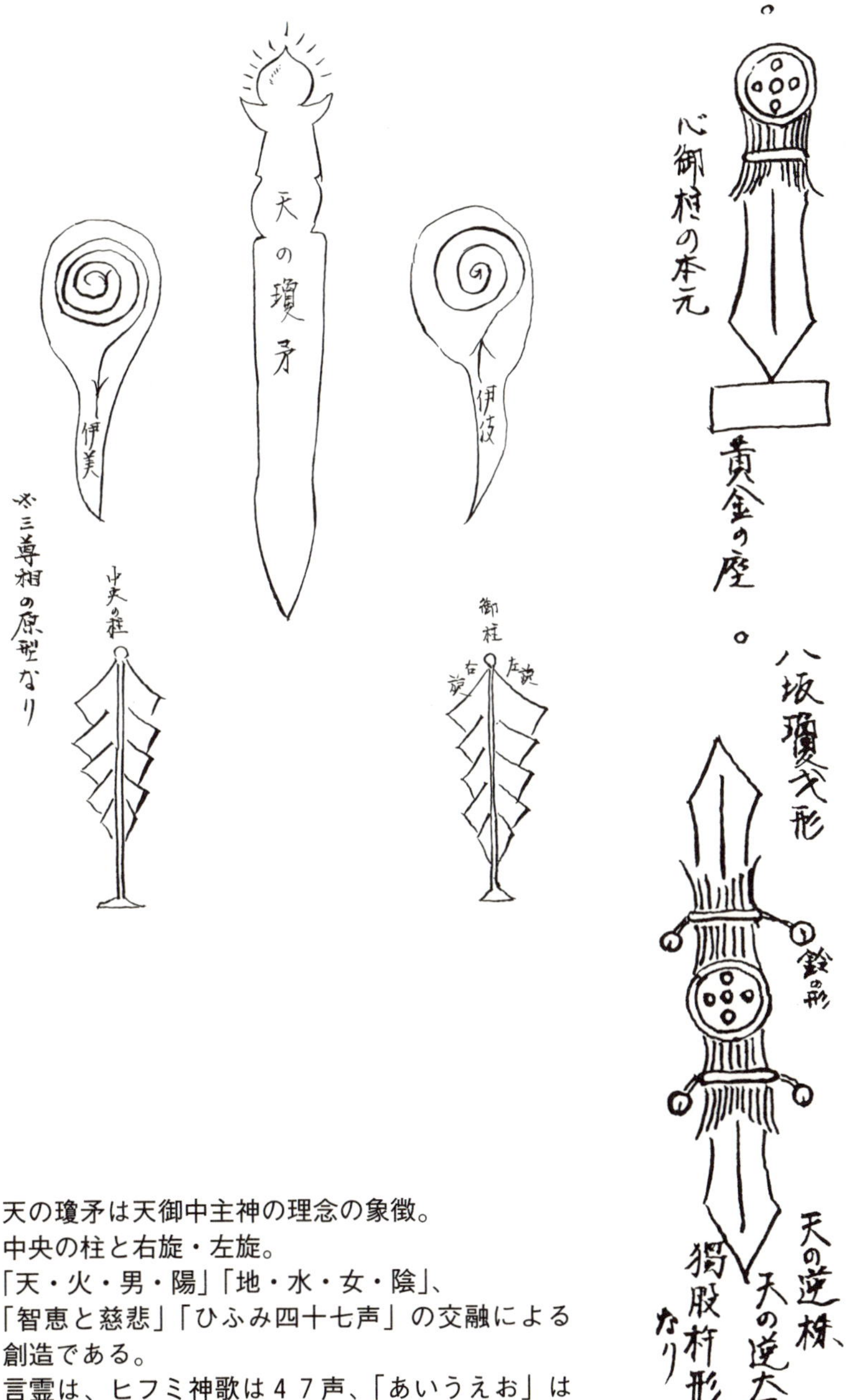

天の瓊矛は天御中主神の理念の象徴。

中央の柱と右旋・左旋。

「天・火・男・陽」「地・水・女・陰」、「智恵と慈悲」「ひふみ四十七声」の交融による創造である。

言霊は、ヒフミ神歌は４７声、「あいうえお」は５０声、「真澄の鏡」は、７５声を当てている。

無限展開・無限創造の始まりである。

一〇、淤能碁呂島（宇宙創成）

故《かれ》、二柱の神、天《あめ》の浮橋《うきはし》に立《た》たして、その瓊矛《ぬぼこ》を指《さ》し下《お》ろして画《か》きたまへば、鹽《しほ》こをろこをろに画《な》き鳴《な》らして、引き上げたまふ時、その矛《ほこ》の末《さき》より垂《しただ》り落《お》つる鹽、累《かさ》なり積《つ》もりて島《しま》と成《な》りき、これ淤能《おの》碁呂島《ごろじま》なり。

参考　「天の浮橋は、神の天より降り昇りし給ふ路に懸れる橋なり」（古事記伝）

解説　「立たして」は、対せしめて、「鹽」は万有の素。

「画き鳴し」は、言霊と鳴り響かせて描く、宇宙の一大交響曲《シンフォニイ》なり。「こをろこをろ」に宇宙銀河の螺旋に旋回す音を聴くべし。宇宙は、神々の合唱隊である。

「淤能碁呂島」は、神の摂理（自然法爾）によりて凝り成る宇宙なり。

かく宇宙は、神々によりて絵描かれ創成せられたり。

参考　「こをろこをろ」は、天の機運が螺旋に巡り居る中を瓊矛が一直線に下降し来る象なり。（大石凝真素美）

「天の瓊矛を以てオノコロ島の上に指し立て以て国中之天柱《くになかのあまのみはしら》となす」（旧事本紀）
「心は、工《たくみ》なる画師の如く、種種の五陰を描き、一切世界の中に法として、造らざる無し。心の如く、佛もまた然なり」（華厳経）
「神力を沼矛とす」（本田親徳）
「万有万物万象は、音によりて形造られるのであり、全大宇宙は、音に充満されている」（松原皓月・霊の御綱）

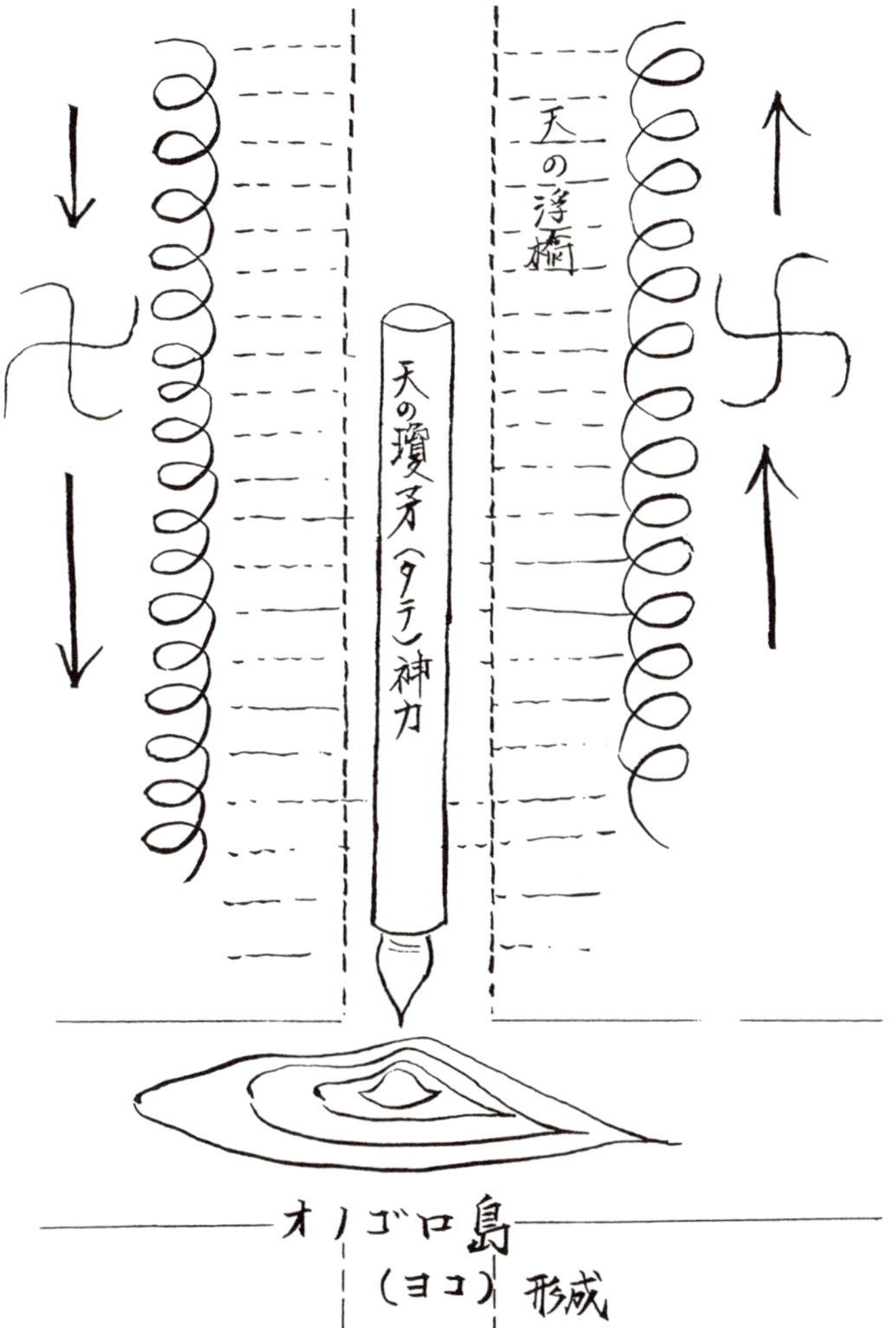

天之御中主の理念と、伊邪那岐神・伊邪那美神の創造力と天の瓊矛の神力により、宇宙万有は、神によって描かれた。

一一、八尋殿（宇宙マンダラ）

その島に天降《あまくだ》りまして、天《あめ》の御柱《みはしら》を見立《みた》て、八尋殿《やひろどの》と見立《みた》てたまひき。

解説

見立て（化作《みた》て）↓理念設計を描きて。

八尋殿は、宇宙曼陀羅なり、無限に拡がりゆく宇宙の理念構造なり（イヨイヨ拡がりゆく界なり）、言霊の振動波紋は、八尋殿の如く紋様をなすなり。ヒフミヨイムナヤなり。

八尋殿の中心象徴は八葉蓮華なり。八葉蓮華は御中主の理念の開華なり。

天の御柱は、五神界を貫く中心軸なり、軸無くば立たず、虚しく滅するのみ。神道の寛容なるは、御柱（軸・幹）立つ故なり。神道は、御柱あるによりて、万教の母なり。小河（万教）を容るる大海なり。万教の帰一する故郷なり、萬教帰一《よろずひとつ》なり、大和《やまと》なり。

参考

古代文字の兆図《まちがた》

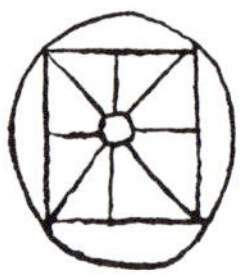

字源

八葉蓮華は、大空無相日輪なり。（空海・天地麗気記）

シュリーヤントラ

シュリーヤントラは原初の点（丶）を中央に置き、陰陽の象徴（△と▽）を重ね（✡）として拡げてゆく。弥拡《いやひろ》＝八尋開華に、八葉紋を置き、四大（□）で囲む。線の進み方は↶左（陽）と↷右（陰）を交互にしている（陰陽の交叉）。宇宙の構造を象徴的に描けば、原初の点（丶）と△と○と□にて現わさる。

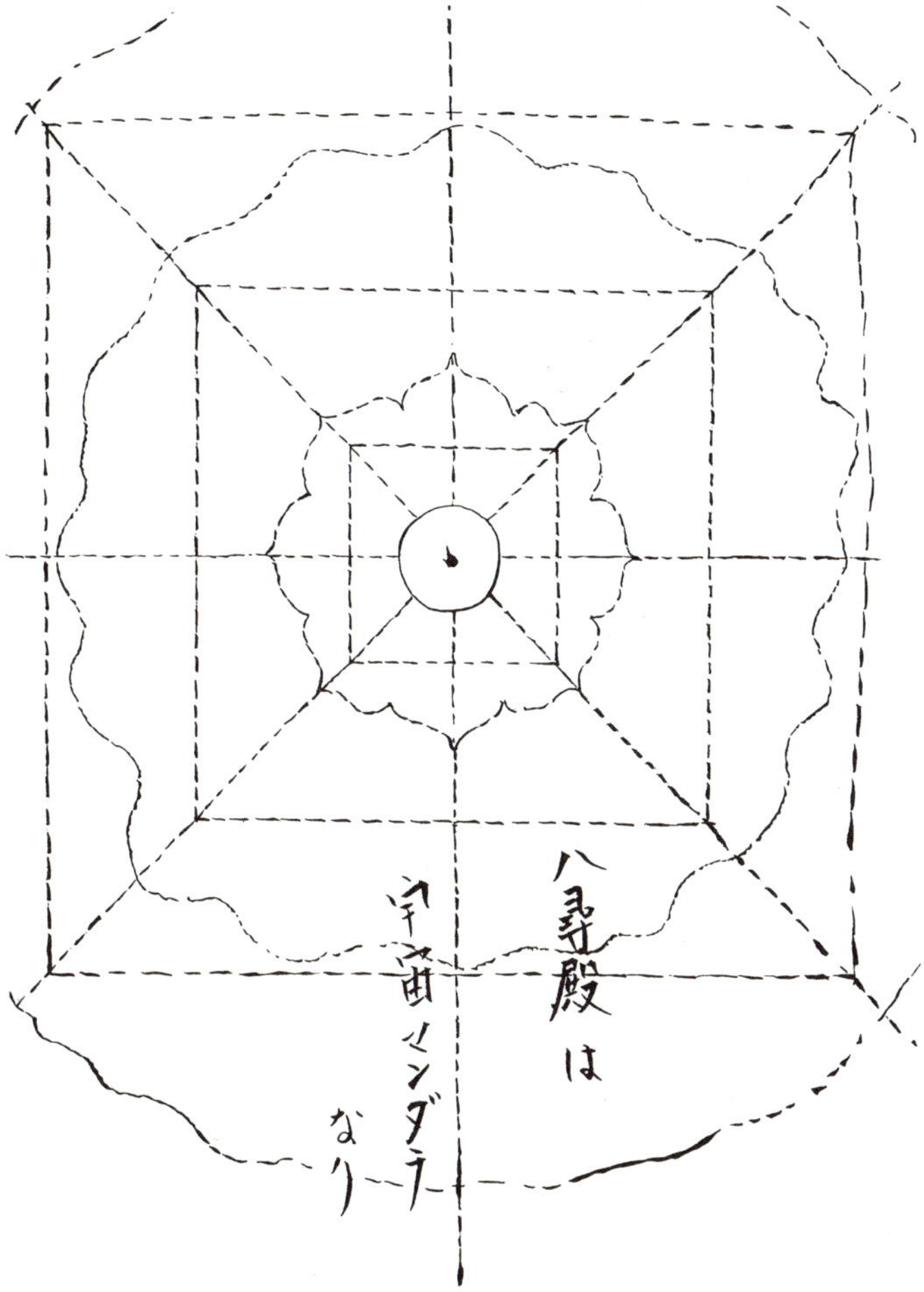

原初の中心点は、天御中主神。
四角は、四大（天火水地）神。
八葉蓮華は、天照皇大神。
全てに、陰陽の交象、霊系・體系の交融あり。
八尋殿は、弥（いや）拡（ひろ）界である。

一二、天之御柱（中央の柱と左旋・右旋の交融）

ここに陽神《おかみ》まぐはひて国州《くに》を産《う》み成《な》さんと以為《おも》ふ。産むこと奈何《いか》にとのりたまへば、陰神《めかみ》、「然《しか》善《よ》けむ」と答《こた》へたまひき、かく約《ちぎ》りてすなはち、

陽神《おかみ》（伊邪那岐命）は左より旋《めぐ》り、陰神《めかみ》（伊邪那美命）は右より旋る、国中《くになか》の御柱《みはしら》を分《わか》ち巡《めぐ》りて、同じく、一面《ひとつおもて》に会ひたまひき時に陰神先《ま》づ唱《とな》ふ、陽神悦《よろこ》びずして曰く、理《ことわり》まさに先づ唱ふべし、改め旋り、是に陰陽《めお》始めて、御処《みと》の目交《まぐは》ひしたまひき。

解説 荘厳なる創造の儀式なり（御柱の周り右旋、左旋は、全てを語る創造の神秘なり）。「然善けむ」は、創造の業は、全て善なりとなり。

「御處の目交ひ」は、左旋、右旋の創造豊穣交融なり。「陰神先ず唱ふ」によりて「淡州」あるなり。然れど子産みに至らず、「理まさに先唱ふ」霊先體後によりて子産み在るなり。

※三尊相も中央の柱、左の柱、右の柱の三相を神相として成る。

※「神籬《ひもろぎ》」も直立する榊と、左旋・右旋と旋回する幣によって神を招来する。

「神楽《かぐら》舞」も背骨（御柱）を立て、手展《たの》し、手振りして旋回して舞ふものなり。

は、世界共通の象徴《シンボル》なり。

参考　陰陽の交象シンボル

「宮柱太敷立《ふとしきたて》、千木高知《ちぎたかし》りて」千木（×）は陰陽の交象也」（倭姫命世紀《やまとひめみことせいき》）

「原始、神天地を創り給へり、神、之を善しと観たまへり」（聖書・創世記）

「天地陰陽生《アテイメイオオオオ》」（鎮魂祭）

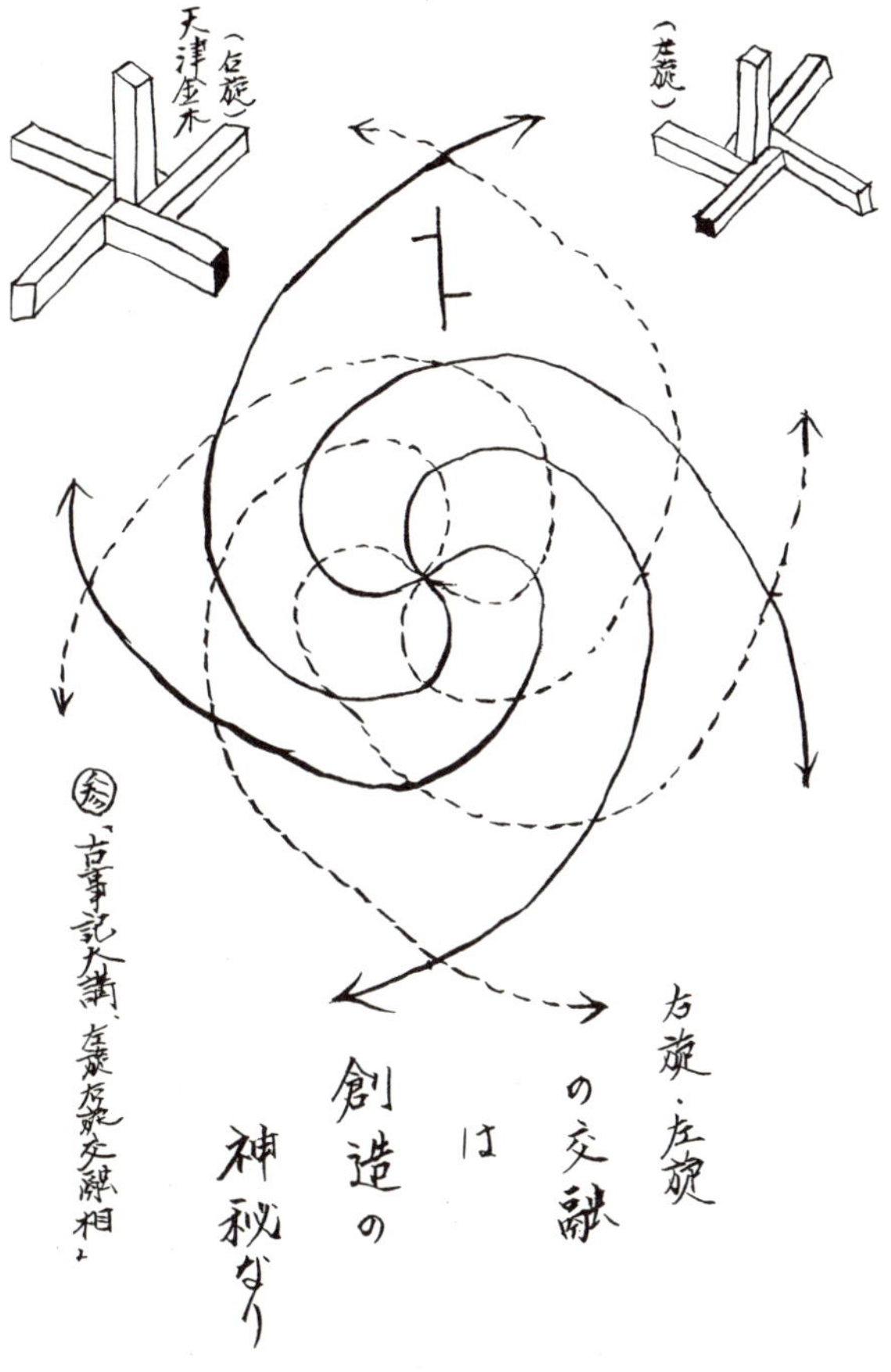

全ては、御柱（中央の柱）の周りの右旋・左旋の交融にて創造される。

一三、大八州（銀河系宇宙紋理・神界の産出）

産《こう》むに乃至《いた》りて、先《ま》ず淡路州《あはぢのしま》を以て胞《え》と為《な》す、すなはち、大日本豊《おおやまととよ》秋津州《あきつしま》を生《う》む、次々に州生《しまう》みありて、大八州《おおやしま》となる

解説 理念描かれし後の宇宙銀河系の創成なり。

宇宙銀河を拝すれば、神の摂理、言霊の神律を感ずるものなり。高次の意識即宇宙意識なり。

州（島）の紋理

「胞として」の語、重要なり、産み出づるなり（準備整ひて、次を産むなり）。

参考 「大八州は銀河系宇宙紋理なり」（水谷清・古事記大講）

解説 神界の流出は、五重塔、または、五輪塔にて象徴さる。神界は五重の層なり。

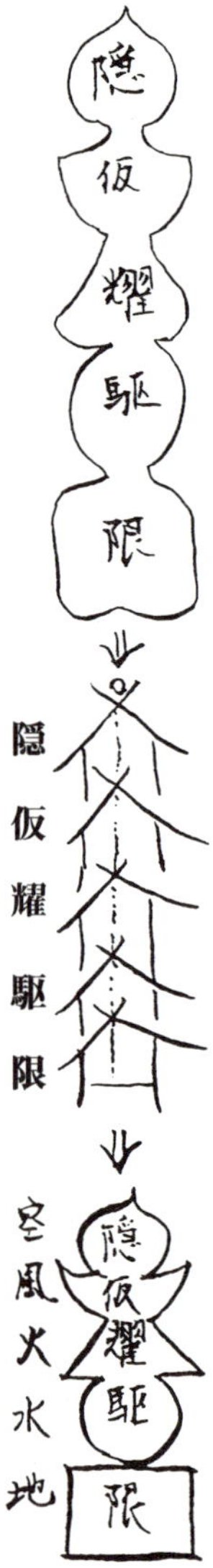

上界を胞として下界（州）が流出（産み）形成さる。

参考

「低いものは（下天界には）それより上級のもの（上天界）から発している」（スウェーデンボルグ）

「天界の階層は、あたかも、一人の人間の肩の上に、もう一つの人間が足を置き、次々に乗っかっているかのようだ」（同）

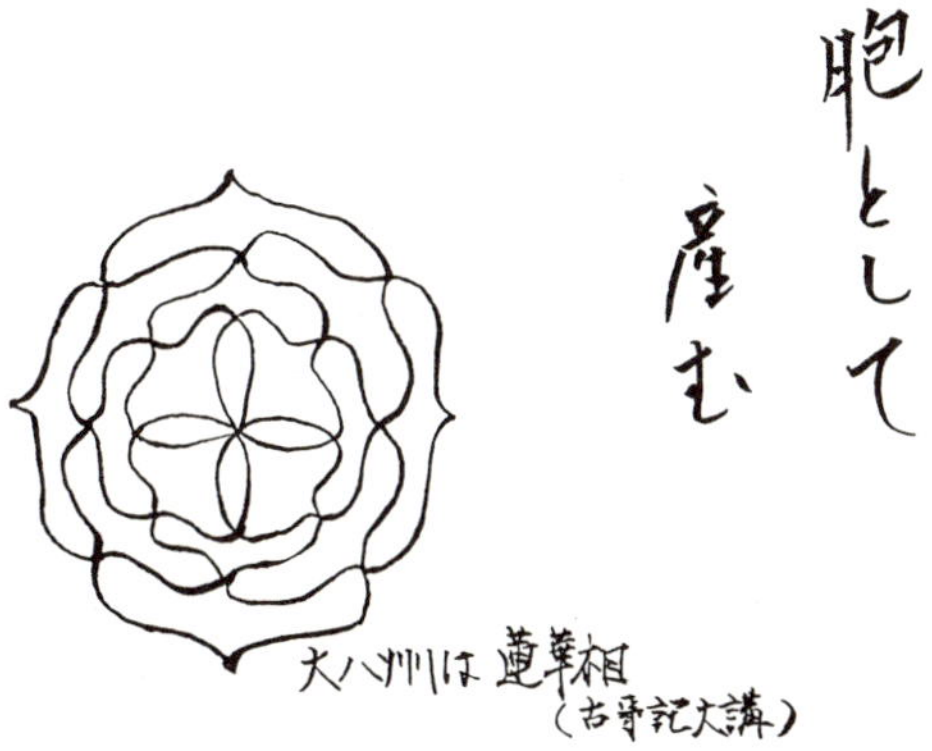

上界を胞として下界を生む。
精妙なるものから粗大なものが生まれる。
大八州は銀河系宇宙紋理。

一四、天照皇大神（耀身神・無限光明無量寿神）

伊邪那岐命、伊邪那美命、共に議《はか》りて曰く、「吾れ已《すで》に大八州国《おおやしまのくに》を生む。何《いかに》ぞ天下《あめのした》の主《きみ》たるべき者を生まざらめや」と、こゝに日神《ひのかみ》を生みまつります、天照皇大神《あまてらすおほみかみ》（また、大日孁貴《おおひるめのむち》）、この御子《みこ》、光華明彩《ひかりうるわしく》して六合《あめつち》の内に照徹《てりとお》らせり。

解説

天下（下天）とは、耀身界以下の界（耀身界、駆身界、限身界の三界）。

日神とは、耀身界、耀身神。日神は、天照大神なり、大日如来なり、阿弥陀仏（尽十方無礙光如来）なり、聖母マリアというも、太陽を背にす母神のことなり、異名同体なり。

象徴は鏡（三種神器の一）なり。八咫鏡なり。

天照大神は、御中主神の真理主宰を顕現（下天）にて継承するなり。

神留岐系（智恵）と神留美系（慈悲）を統一し給ひて、耀身界を主宰す（無量光無量寿如来）なり。

参考

「天照大神は、太陽を機関玉《せおひたま》ひて天の御影の神と成り玉ひて御装を厳に顕はし玉ひつつ天之

解説

御影神日之御影神の産霊の活用を示し玉ふ」（大石凝真素美）

阿弥陀如来の三摩耶形（象徴）は開蓮華なり、八葉蓮華形は八咫鏡として顕はる。蓮華＝鏡。
「アウム（AUM）、マニ（MANI）、パードメ（PADME）、フーン（HUN）」は、「宝珠（御中主）であり蓮華（天照大神）である至尊よ、吾、汝に、帰依せむ」である。

参考

隠身界神言、「清明高天原御言」は耀身界にては「アマテラスオオミカミ」（十言の神呪）または、「南無妙法蓮華経」と鳴り出づる。妙法は玉、蓮華は鏡、経は剣なり。三種の神器に帰依せむとの事。

「大日、即ち弥陀、極楽の教主なり、十方浄土は、これ一仏の化土、毘盧、弥陀は同体の異名、極楽密厳は、名、異にして一處なり」（五輪九字秘釈）

「天（霊）界の光は、神的真理であり、そこから発する神的智恵であり、天界の熱は、神的善であり、また、そこから発する神的愛（慈悲）である」（スウェーデンボルグ）

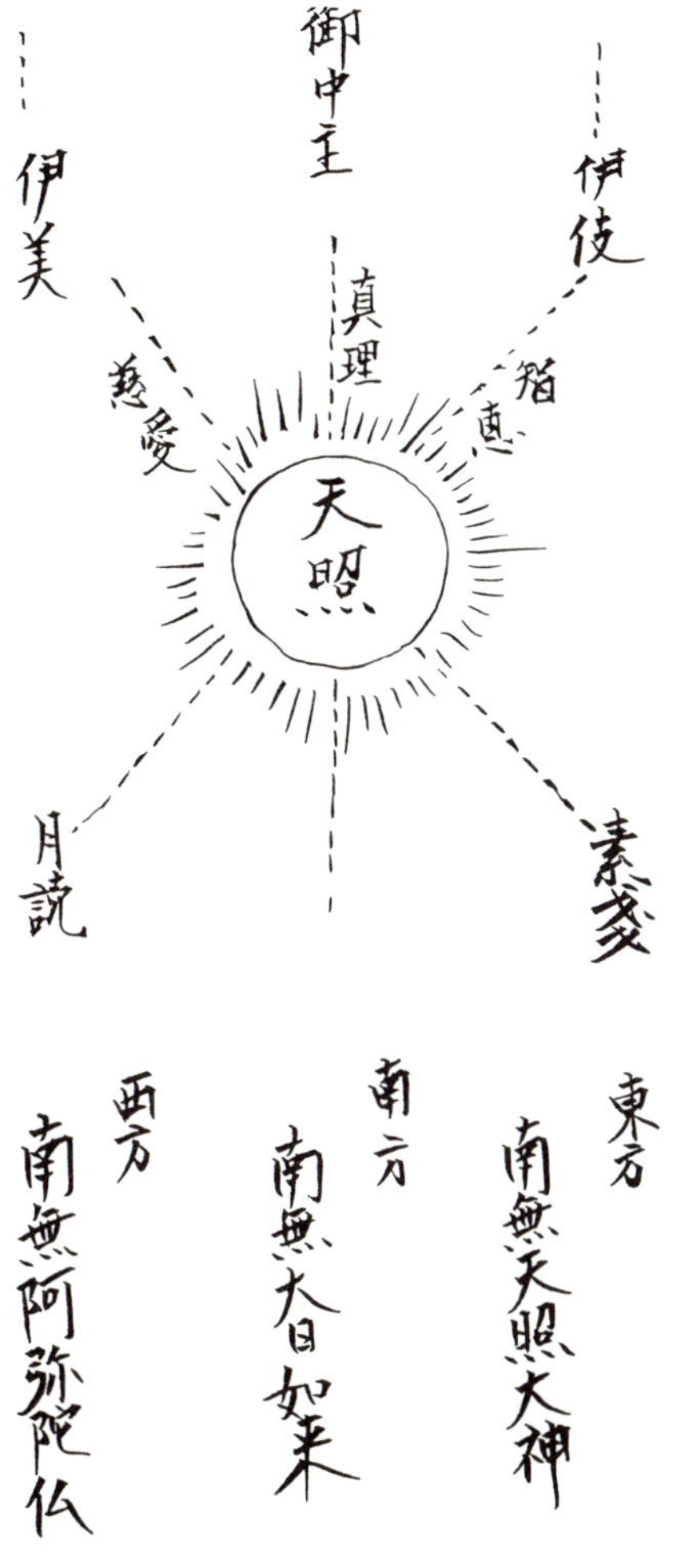

無限光明は智恵、無限寿命は慈悲。
天照皇大神は、天御中主の直統、
尽十方無礙光・無量寿如来である。
大智恵と大慈悲を統一・調和した
大神である。

一五、三貴神の誕生

次に月神《つきのかみ》（月読尊《つくよみのみこと》、月弓尊《つくゆみのみこと》）を生みたまひき、其の光彩《ひかりうるわし》きこと日に亞《つ》げり、以て、日に配《なら》べて治《しら》すべし、次に、速素戔鳴尊《はやすさのをのみこと》を生みたまひき、此の神、勇悍《いさみたけく》、安忍《いぶり》にます、この時、伊邪那岐命、大《いた》く歓喜《よろこ》びて詔《の》りたまひしく「吾は、子を生み生みて、生みの終《はて》に三柱の貴き子を得つ」とのりたまひて、すなはち、御頸珠《みくびたま》の玉の緒もゆらに取りゆらがして天照大神《あまてらすおおみかみ》に賜《たま》ひて詔りたまひしく、「汝命《いましみこと》は、高天原を知らせ」と事依《ことよ》さし賜ひき、次に月読尊に詔りたまひしく、「汝命は、夜の食国《をすくに》を知らせ」と事依さしき。次に、健速素戔鳴尊《たけはやすさのをのみこと》に詔りたまひしき、「汝《いまし》、甚《はなは》だ無道《あじきな》し、以て海原《うなばら》を知らせ、固《まこと》にまさに、遠く根国《ねのくに》に適《まか》るべし」とのたまふ。遂《つひ》に神遣《かむやら》ひたまひき。

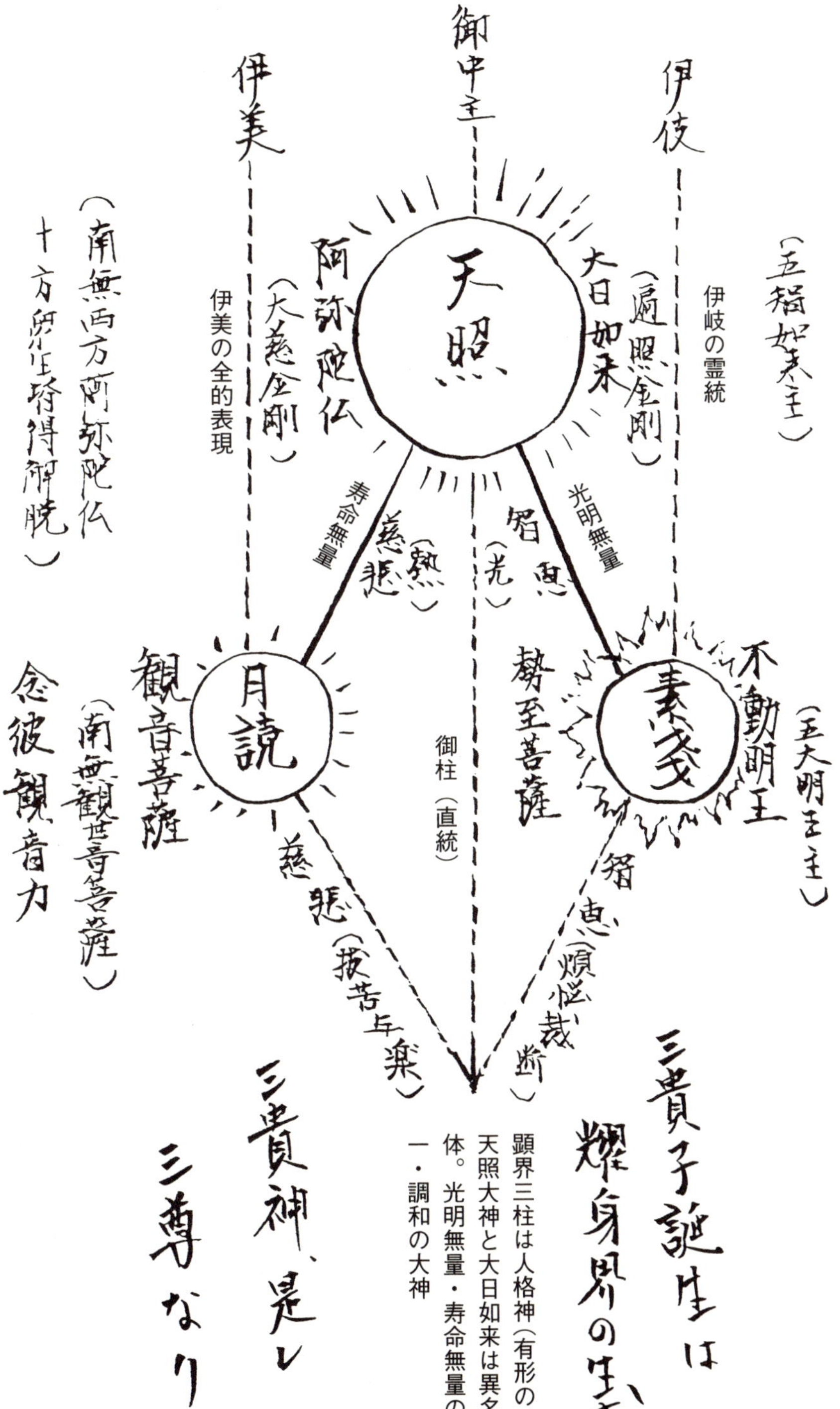

御中主
伊美
伊伎
天照
月読
素戔
阿弥陀仏
（大慈金剛）
大日如来
（遍照金剛）
（五智如来主）
（南無西方阿弥陀仏
十方所住皆得解脱）
伊美の全的表現
伊岐の霊統
寿命無量
光明無量
慈悲（熱）
智恵（光）
観音菩薩
（南無観世音菩薩）
念彼観音力
勢至菩薩
不動明王
（五大明王主）
御柱（直統）
慈悲（抜苦与楽）
智恵（煩悩截断）
三貴子誕生は
耀身界の生成
顕界三柱は人格神（有形の神）
天照大神と大日如来は異名同
体。光明無量・寿命無量の統
一・調和の大神
三貴神、是レ
三尊なり

参考

「天照大神は顕界に本位を置きながら、霊を主体となし、光明を以て国土の相となし、高天原の統治神として、中主《なかぬし》隠神の直統を承継し給ふ」（古事記大講）

「月読尊は、幽界に本意を置き、伊邪那美神の全的表現をなす」（同）

「須（素）戔嗚尊は、伊邪那岐神の霊を招ぎ奉って生命体を地上に栄えしめ給はんとする神」（同）

解説

「根国は、地球《ねのくに》中心之洞《そこのくに》」（大石凝真素美）

「神遣ふ」→御言詔勅《みことのり》を授け、遣《つか》は使《し》むなり、派遣すなり。

「玉の緒《お》もゆらに」は、霊系體系を触れ合はす義なり、統一祈念なり、意宣り継承すなり。

三貴子、是れ三尊なり、天照は大日（または阿弥陀）如来、月読は観音菩薩、素戔嗚は不動明王。

月は光彩《つき》、月神は、慈悲の象徴、変化の象徴、変化神。不動明王は暴悪大忿怒と称される。

菩薩は、陰に（受容的に）慈悲をなし、明王は陽に（能動的に）智恵を働かす。

「昼は永遠、夜は無窮」（死者の書）

講究

素戔嗚神と不動明王の類似した性格

・天照大神の使い（遣い）……大日如来の召使い

・粗暴烈しき性……暴悪憤怒相

・草薙剣……智火を放つ剣を持つ

・龍退治……クリカラ龍（煩悩）を退治す

一六、仮凝身神の神功成就、耀身神の承継

是に素戔嗚尊請《まう》して曰《まうさ》く、「吾《やつが》れ、今、教《みことのり》を奉《うけたま》はりて根国に就《まか》りなんとす、故《か》れ暫《しばら》く、高天原に向《まう》でて、天照大神と相見《あいまみ》えて、而して後に永《ひたぶる》に退《まか》りなん」と欲《おも》ふ。「許す」と勅《のたま》ふ。乃ち天に昇り、詣《まう》づ、是の後に伊邪那岐命、神功《かんごと》既に畢《を》へたまひて、霊運當遷《かむあがらいましなむとす》、是を以て幽宮《かくれのみや》を淡路《あわじ》の州《くに》に構《つく》り、寂然《しづかに》長《とはに》く隠《かく》りましき。

解説 伊邪那岐命の神功（創造の業）了へ給ひ、仮凝身界から耀身界への支配の移行が完了されたるなり。「霊運《かむあがり》」は、神霊の高天原に騰《あが》り給ふことをいう。

講究 「南無阿弥陀仏」は「南無十方無礙光如来」のことであり、十方無礙光如来は、そのまま天照皇大神である。また、大日如来は、「大毘盧遮那《ビルシャナ》如来」にてビルシャナは、日の別名、大日如来で、除暗遍明の義なり。各々、十方を遍く照らす大神である。故に、究極の統一神は、名を異すれど、同じ神である。無限光明無量寿如来である。真理は一つ。真理の立場からすれば、同体異名にすぎぬ。

附　五智如来

一、大日如来……遍照金剛、三摩耶形は塔（五輪塔）
二、阿閦如来……不動金剛または怖畏金剛、三摩耶形は五鈷杵（東方仏）
三、宝生如来……大福金剛、三摩耶形は三辯宝珠（南方仏）
四、無量寿如来（阿弥陀如来）……大慈金剛、三摩耶形は開蓮華（西方仏）
五、不空成就如来……悉地（成就）金剛、三摩耶形は羯磨杵（十字鈷杵）（北方仏）

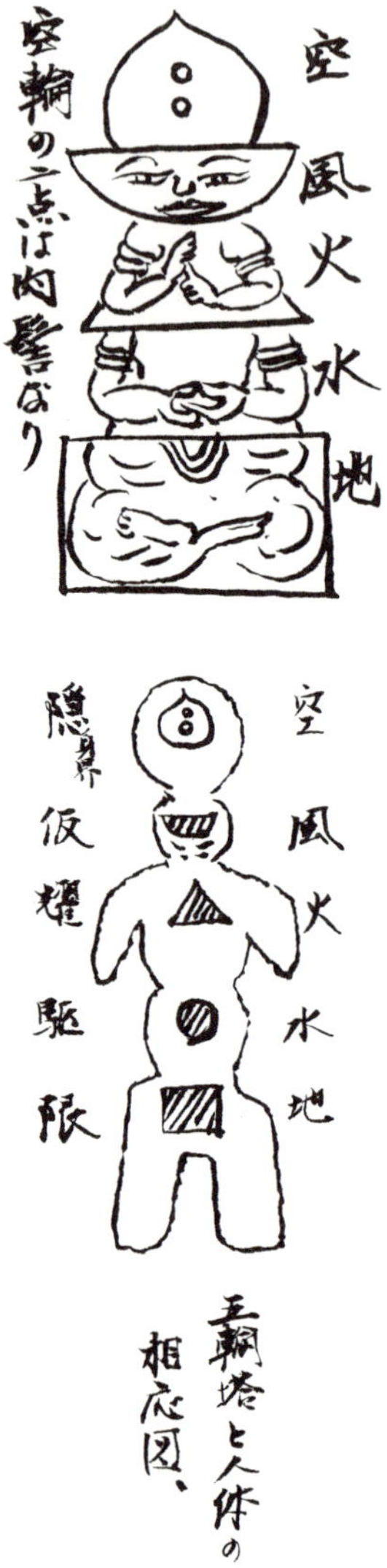

人の形＝五輪塔

参考

「知拳印は金剛界、定印は胎蔵界を標す。是れ両部不二の曼荼羅なり」（五輪九字秘釈）

「神宮の社殿は、五輪形なり」（天照大神口訣）

空輪―団形―鰹木
火輪―三角形―屋根
地輪―方形―床
風輪―半月形―千木
水輪―円形―神座

天地（空風火水地）
＝五輪形＝社殿＝人の形
「およそ、天地と人形と、人体と宝舎と、その源は同じ」（宝基本記）

附　五大明王

一、不動（尊）明王

大日如来の経令輪身、煩悩を絶つ、諸悪を焼き尽くし浄化する

二、降三世明王

普賢菩薩の経令輪身、貧瞋痴の三毒を、過去、現在、未来の三世にわたって降伏す

三、軍荼利明王

虚空菩薩の経令輪身、悪鬼神を摧伏す

四、大威徳明王

文殊菩薩の経令輪身、一切諸悪の毒龍を摧伏す

五、金剛夜叉明王

摧一切魔怨菩薩（釈迦如来）の経令輪身、摧一切魔

不動明王は、大日如来の使い。素戔嗚は、天照大神の使い。煩悩を絶ち、貧瞋痴の三毒を滅す。「その時に大會に一人の明王います。是大明王は大威力あり。大悲の徳の故に青黒の形を現じ、大定の徳の故に金剛石に坐し、大智恵の故に大火焔を現じ給う。大智の剣執っては、貧瞋痴を害し、三昧の索《なわ》を持して難伏の者を縛す」（仏説聖不動経）

不動明王の真言……ノウマク・サマンダ・バサラ・ダンカーン

講究　大神への合一、霊と魂の霊合《たまあい》の道

南無といふは、無我にして帰依することなり。無我の時、天照大神と一体となる神道は、神人一如の道、霊合《たまあい》の道である。永平高祖道元禅師は曰く「仏道を習うというは、自己を忘するなり」と、ここに宗教の真髄が示されておる。神道を習うと云ふは、自己の霊の本質は、神と同体であることを知ることであり、それには、自己を忘じて、無我無心であらねばならぬ。かく、神人一如の道は、無我無心の道である。『霊の御綱』（松原皓月）は、次の如く語っている。

「トホカミ、エミタメ、ハラエタマエ、キヨメタマエを八回唱え、大祓戸大神《オオハラヘドオオカミ》』を四回唱え、次に『天之《アマノ》御《ミ》中主大神《ナカヌシオオカミ》』と十回唱えつつ、秘印（手印）を腹部の前に振り動かし唱ふる神の御名の言霊に自己の魂を振起統一すると神の稜威《みいづ》によって必ず無我の境に格合することうけあいである」と。或いは、合掌正坐し、数息観を行じ、時計の音に聴き入り、聴く者は誰ぞと、百日、純一無雑に神想観・無想観をなし、這箇の一端を垣間みるべし。神霊と人魂との一如の道なり。

附　帰神の法（本田親徳）

本田親徳翁の「帰神の法」に曰く、

帰神ノ法ヲ幽斎ノ法ト云フ。神界ニ感合スル道ハ、至尊至貴、自ラ彊《ツト》メテ止《ヤ》マザレバ竟《ツイ》ニ能ク其ノ妙境ニ達スル事ヲ得ン、幽冥ニ通ズルノ道、唯ダ其レ専修ニ在リ、ココニ、其ノ法ヲ示ス。

一、身体衣服ヲ清潔ニス可《べ》シ

二、幽邃《ユウスイ》ノ地、閑静ノ家ヲ撰ム可シ

三、身体ヲ整ヘ瞑目静座ス可シ
四、一切ノ妄想ヲ除去ス可シ
五、感覚ヲ蕩尽シ意含ヲ断滅ス可シ
六、心神ヲ清澄ニシテ感触ノ為ニ擾レザルヲ務ム可シ
七、一意ニ吾ガ霊魂ノ天之御中主ノ御許《オモト》ニ至ル事ヲ念ズ可シ

幽斎ハ宇宙ノ主宰ニ感合シ親シク八百萬ノ神ニ接ス、其修シ得ルニ至テハ至大無外、至小無内、過去ト現在ト未来トヲ問ハズ一モ通ゼザルハ無シ。是レ即チ惟神《カムナガラ》ノ妙法。

一七、三種神器の二（天照皇大神と八咫鏡）

解説

耀身（天照大神）を象徴すは、鏡なり（日の像《かた》の鏡・八花岐紋形鏡なり）。太陽（神）は、上天を受け、下天を支配す、上天と下天の通過点なり、神人合一する所なり、入我我入す所なり、「神と吾と一体なる」所なり。

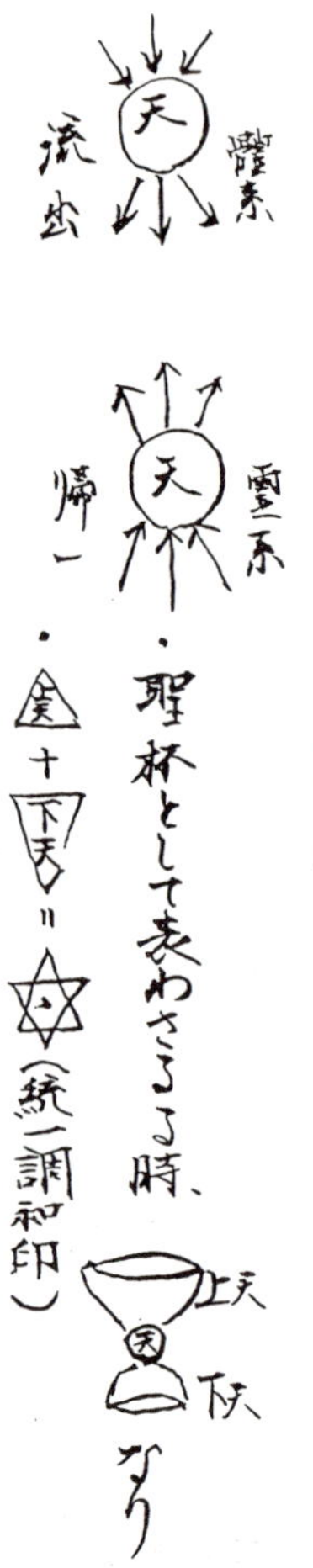

参考

「天照大神は、洗はれて、八咫鏡と鳴り出で玉ふなり、法華経は、八咫鏡の賛美歌なり」（大石凝真素美）

「我成佛してより已来、甚大久遠、寿命無量阿僧祇劫常住にして滅せず」（法華経）

「三界は、吾が有、其の中の衆生は、悉く皆我が子なり」（法華経）

「唵《オーム》　梵《ブラフマン》　即　般若《プラジニャーナム》、　吾は梵なり《アハム・ブラ・フマスミ》、　爾は彼なり《タットワムアスミ》、　この自己《アートマン》は　梵《ブラーフマアハム》　なり」（シュカラハスヤウパニシャド）

「わたしと父とは一つである」（聖書・ヨハネ伝）

「わたしは、道であり、真理であり、命である。だれでもわたしによらないでは、父のみもとに行くことはできない」（ヨハネ伝）

「吾れ日輪三昧に入れば、天照大神と無二一体なり」（空海・中臣祓文伝）

「神我が心に入り、我もまた神に入る。明鏡なり。無念・無心の祓いなり。斯くの如く、無念無想に神に向はば、即ち吾と神明と共に同じ、一切の所願成就す。即ち、如実如意の神道、入我我入の観なり」（空海）

※八咫鏡の神相

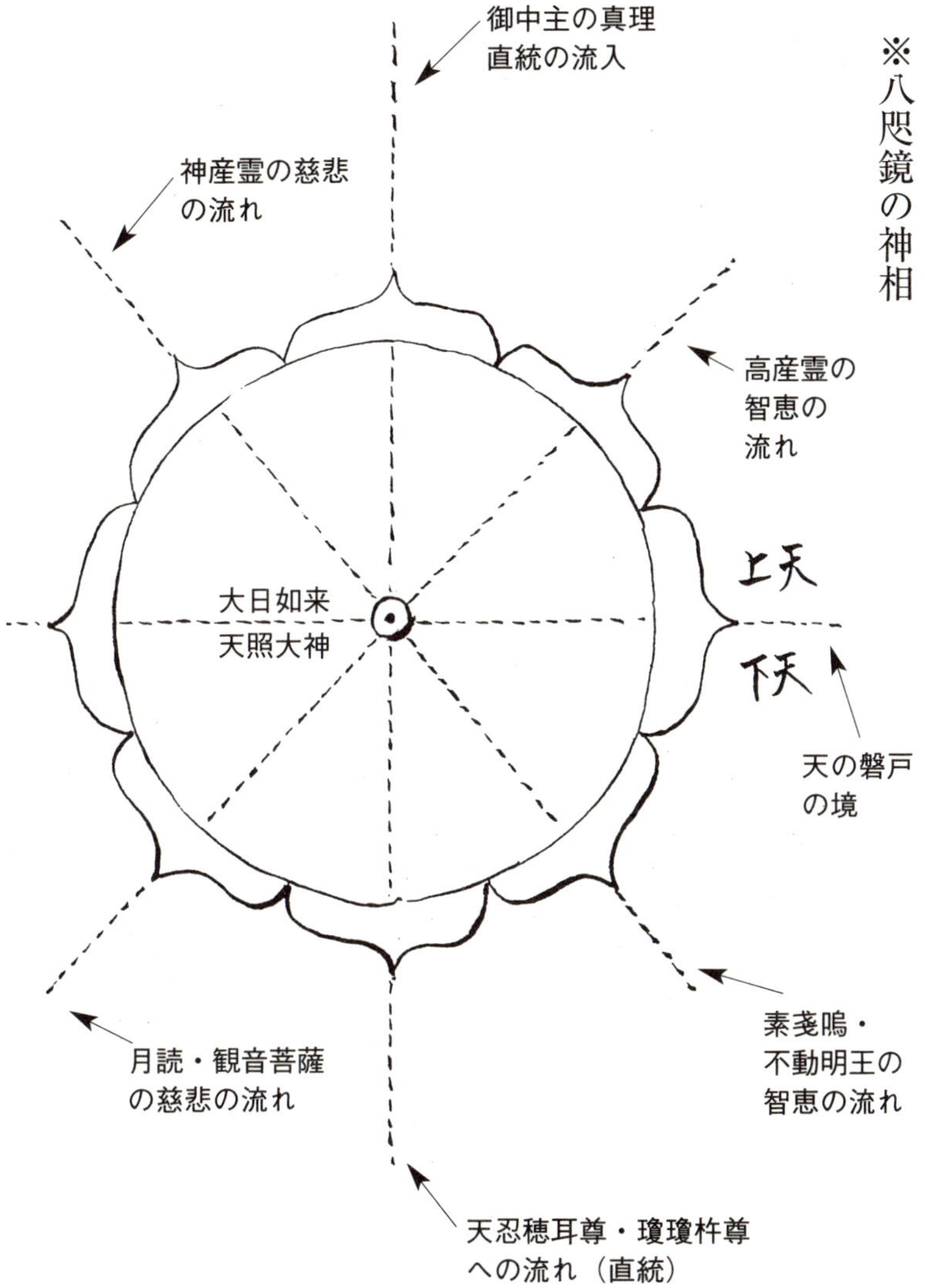

八咫鏡は、八花岐型、八葉蓮華形なり。無限光明（智恵）、無量寿（慈悲）如来の象徴である。三界は、天照大神（大日如来）の顕現である。神人合一、入我我入は、天照大神と無二一体となることである。

附　諸教の「神人一如＝神人合一」の道

※高天原に御中主を生む道が瞑想行なり。自己を忘じ（無我・無心）、天照大神と一体となる道が神人合一の道なり。

【仏教】

日本の誇れる世界最高の禅僧、永平高祖道元禅師の言葉を参照せよ。

「諸仏如来ともに妙法を単伝して、阿耨菩提を証するに、最上無為の妙術あり、これただ、ほとけ仏にさづけてよこしまなることなきは、すなわち自受用三昧、その標準なり、この三昧に遊化するに、端坐参禅を正門とせり」（正法眼蔵）

「ただ打坐して心身脱落することを得よ」（同）

「仏道をならふといふは、自己をならふ也、自己をならふといふは、自己を忘るるなり、自己を忘るるといふは、万法に証せらるるなり、万法に証せらるるといふは、自己の心身および、他己の心身をして脱落せしむなり」（同）

「驀然《まくねん》として尽界を超越して、仏祖の屋裏に太尊貴生《たいそんきせい》なるは、結跏趺坐なり」「結跏趺坐、これ三昧王三昧なり」（同）

「結跏趺坐するが若きは、心身証三昧なり、威徳衆恭敬す、日の世界を照らすが如し」（大智度論）

【五字観行】

「ア字地大は、金剛堅固の性、ア字を足腰の部分に置き、我が趺坐、即ち瑜伽金剛の座と観ず。次に、バ字水大を臍部に置いて、心蓮華台と成ると観じ、これより、大悲の甘露水を、流注して、一切の衆生を滋潤すると想ひ、大悲三昧に住するのである。次にラ字火大を心位に置き、智恵の火輪成ると観じ、これより、日輪の如く智恵の光焔を発揮して諸の垢穢を焼浄すると想ひ、日輪観に住する。次にカ字風大を眉間に置き、金剛の慧風と成ると観じ、この慧風を以て緊縛の塵を吹き払い、自性解脱の三昧を獲る。次に、キャ字空大を頂上に置き、本不生の大空三昧に住するのである」（五字観行）

【道教（仙学）】
「其の一を得ば、萬事畢る」（易経）
「丹を服し、一を守れば、天と共に相畢る。精を返し、胎息せば、寿を延ばすこと極まりなし」（抱朴子）
「人よく、常に清浄ならば、天地悉く皆帰す」（道教清浄経）
「惟だ空を見る。欲を絶つ。之れ要。必ず先ず、物と我を忘ずること。内に其の心を忘じ、外に其の形を忘ずること」（清浄経注）
「偽の道は形を養う。真の道は神を養う。丹書萬巻、一を守るに如かず」（西昇経）
「初功は、寂滅情縁に在り、築基煉己之功なり、心下腎上、一寸三分之間、不即不離、萬念倶泯、一霊獨存、謂之正念、丹田気暖、息不用調而自調、気不用煉而自煉、是れを胎息となす、是れを神息となす。是れを帰根復命という、天地之根、気到此時、如花方蕊、如胎方胞、自然真気薫蒸営衛、尾閭より、夾背を穿ち、泥丸に升る。鵲橋を下り、重楼を過ぎ、絳宮に至り、中丹田に落つ。是れを河車初動となす」（張三丰「玄機直講」）

「還虚之功、惟だ対境無心に在り、萬象空空、一念不起、六根六足、一塵不染、此れ即ち本来之性體完全なり」（伍冲虚）

「学人守中之工夫を用い、以て、丹田に調養せば、精生薬産、神完く、気足る。得到玉液還丹、而て不死之身と成る」（黄元吉）

「首要在忘形、忘形ナレバ則チ萬物皆偽、物我無分、惟ダ神気合一、守一ハ、此ノ一気ヲ守ル也」（呂祖）

「人能時時観心、則妄念自消、円明自見、頓超悲願、此乃ち、至尊無上の妙覺の道なり」（張紫陽）

「心静かなれば、気正し、気正しければ、気全し、気全ければ神和す。神和せば神凝る。神凝れば則ち萬法結なり」（白玉蟾）

「夫れ、神と気と精、三品上薬。煉精化神、煉神合道、此七返九還乃要訣也」（「規中指南」陳虚白）

「煉之百日、謂はゆる之れ立基、煉之十月、謂はゆる之れ胎仙」（陳虚白）

「虚化神、神化気、気化形」（仙学）

「百日築基、十月懐胎、三年乳哺、九年面壁」（仙学）

「忘形以養気、忘気以養神、忘神以養虚、虚実相通、是謂大同」（仙学）

「神即性、気即命、性命混、陰陽合、是れ謂はゆる性命双修」（仙学）

「第一要調息、第二要静定、第三要専一、第四要凝神「海底」、之れを久しくすれば、「丹田」自

ら暖気有る也」（仙学）
「調息は無息の息に至る、打成一片、斯く神凝るべし。而して丹を結ぶべし」（張三丰）

【ヨーガ】
『ヨーガ・スートラ』
「ヨーガとは心の作用を死滅することである」（心無し、無心、無念、無想、無我）
「自在神への祈念によっても、無想三昧に近づくことができる」
「自在神を言葉であらわしたのが、聖音〈オーム〉である」
「息を出す法と息を止めておく法によって、心の清澄が得られる」
「内面の清澄の中に真理のみを保持する智恵が生まれる」
「勧戒には（1）清浄、（2）知足、（3）苦行、（4）読誦、（5）自在心への祈念の五つがある」
「読誦の行に専念すれば、ついには、自分の希望する神霊に会うことができる」

『ハタ・ヨーガ・プラディピカー』
「両手を前で重ねあわせ、ことさらに固くパドマ体位を組み、深くアゴを胸にうずめて、心に『彼のもの』を思念しながら、くりかえしアパーナ気（ヘソから足までの気）を上へ引き上げ吸い込んだプラーナ気を下方へ通わせることによって、人はシャクティの助けを得て、無比な悟りを得る」
「オームは天地創造の唯一最高の種子、ケーチャリーは唯一最高のムドラー、自主独立のアートマンは唯一最高の神、そして、忘我は、唯一最高の境地である」

「三昧、不死性、真実在、空不空、至上の境地、無心地、現世離脱などというのは、すべて同義語である。個人的真我と宇宙的真我の両者が合一した状態を三昧と呼ぶ」


【ウパニシャッド】

『マンダラブラーフマナ・ウパニシャッド』

「常に清寂にして、心を動かさず、また対象と感官とを制御す、これらはヤーマなり（自制）。即ち師を敬し、真実に至る道に随順しまた、至福を得られる実体即ち梵を領納し、執着せず、寂静の処に住し、意の働きを制し、行為の結果を望まず、俗事を厭うはニヤマ（修戒）なり。安楽の坐を執り、破衣をまとうはアーサナニヤマなり、吸気、留気（クンバカ）、呼気に依り、それぞれ、十六、六十四、三十二のマートラーを順次数うるに依って、調息あり。対境即ち、感官の対象より意を制止するは、制感なり。すべての形体において意識を一処に専注すは静慮なり、感官の対象を除き去り、意識に於て、精神の安立するは、執持（ダーラナ）なり。静慮に於て自己を忘却するはサマーディ（三昧）なり」

「最高の寂静をわがものとなし、活動を空ぜる意識は、最高我に還入せる。意の消滅生ず、これ正に無心なり。それよりして、『われは正に、常に清浄なる最高我なり』『汝はそれなり』という教えに依って、『汝は即ち吾なり、吾は即ち汝なり』と知りて、完全なる歓喜に満ちたる目的達成者となる」

『ヨーガチェーダマニ・ウパニシャド』

「自己の身体、根底輪は四葉、自依処輪は六葉、臍に十葉の蓮花、心臓に十二輻輪、清浄輪は十六輻、また眉間にあるは二葉なり、頭頂（梵門）にあるは千葉と数えられたり」

「蓮華坐を結び、アゴを強く胸に圧し当てて、禅那（ディヤーナ）が実行せらる。幾度も幾度もアパーナ気を上方に昇らせ、かくして、満たされたプラーナを放下して、人はシャクティ、即ちクンダリニーの力によって無比の悟りに達す」

「舌は頭蓋の隙間に逆方向に進入し、眼は双眉の中間に入れば、空行印（ケーチャリー）となす。空行印相を知れる者には、病・死・眠・飢渇あるなし」

「聖音は種々に顕現す、ア字は支配神、一切神にして粗神なり。ウ字は金胎神、光明にして細身なり。ム字は原因、般若なり、梵天は聖音より生じたり、ヴィシュヌは聖音より生じたり。智者には、聖音の上昇あるべし」

「坐法によって病をほろぼし、調息によって罪悪をほろぼす、三昧によって希有なる自覚に達し、善悪の挙を放棄して、解脱を得。三昧において、かの無限にして普照なる最高の光明あり。これを見る時は、既に過ぎ去れるも、未だ過ぎ去らざるも為さるべき所作、存することなし」

一八、瑞珠盟約

始め、素戔嗚尊、天に昇ります時に、溟渤《おほきうみ》鼓《とどろ》に溢《ただよ》ひ、山岳《やまおか》鳴《な》り咆《ほ》えき、此れ神性雄健《かんさがたけき》が然《し》からしむるなり、天照大神、来詣《まうく》るを聞《きこ》しめすに至りて、便《すなわ》ち、八坂瓊《やさかに》の五百箇《いほつ》御統《みすまる》を以《も》て、其の髻《みみづら》、鬘《みかづら》及び、腕《たぶさ》に纏《ま》かす、又、背《そびら》に千箭《ちのり》の靫《ゆき》を五百箭《いほのり》の靫《ゆき》とを負ひ、臂《ただむき》には綾《い》威《つ》の高鞆《たかとも》を著《は》き、弓腹《ゆはら》を振《ふ》り起《た》て、剱柄《たかび》を急握《とりしば》り、堅庭《かたには》を踏《ふ》みて、股《むかもも》に陥《ふみぬ》き、沫雪《あわゆき》の若くして蹴散《くゑはらら》かし、綾威《いつ》の雄誥《おたけび》を奮《ふる》はし、綾威《いつ》の嘖譲《おころび》を發《おこ》して、何せむにとす志《こころざし》なるか、但《ただ》に詰《なじ》り問《と》ひたまひき。

解説 光輝く太陽神と、勇猛なる弟神（貴子神）との壮厳なる対面の儀式なり。靫は光背なり（太陽系神界〈耀身神界〉の光と炎に輝く様の壮麗さを観よ）。スサノオは荒之男《すさのお》の義（勇猛なる神）。劫火閃々たる光と、千万の太陽の光明の輝く神界なり。

参考 「常修に依り、彼は変化なくグナを捨離せる第一虚空（アーカーシャ）となるべし。次に閃閃たる星の形相と、深き暗黒を伴う、第二の虚空（パニカーシャ）となる。次に、劫火に等しく、輝きつつある、第三の虚空（マハーカーシャ）となる。次に、一切に優れ、最勝無二にして、光を放ちつつある、第四の真実空（タットワーカーシャ）となる。次に千万の太陽の光明なる、第五の太陽空（シューリヤーカーシャ）となる」（マンダラブラーフマナ・ウパニシャッド）

五百、千萬の太陽を背にした無限光明神と
劫火閃々たる光と輝きを放つ耀身神。
大神から子神が生まれる。
数多の太陽と数多の光輝せる星々の耀身神
が産まれる相。荘厳なる輝きを放つ神界。

素戔嗚尊、対《こた》へて曰く、吾は元《はじめ》より黒《きたな》き心なし、但し、父母《かぞいろは》の尊《みこと》已《すで》に厳《いつく》しき勅《みことのり》ます、永《ひたぶる》に根国《ねのくに》に就《まか》りなん」とす、時に、天照大神復《ま》た問《と》ひて曰く、「若《も》し然《しか》らば、将《まさ》に何を以て爾《いまし》が赤《きよ》き心を明《あか》さむとす」、対へて曰く、「請《こ》ふ、姉《なねのみこと》と共に誓《うけ》はん、夫《そ》れ誓約之中《うけひのみなか》に、必ず、當《まさ》に子《みこ》を生むべし、如《も》し、吾《やつがれ》が生あらむ、是れ女《たをやめ》ならば、則ち濁《きたな》き心有りと思《おぼ》せ、若し是れ男《ますらを》ならば、則ち清《きよ》き心ありと思せ」と、是に天照大神、乃ち素戔嗚尊の十握《とつか》の剣《つるぎ》を索《こ》ひ取り打折《うちお》りて、三段《みきた》に為《な》し、天眞名井《あまのまない》に濯《ふりすす》ぎ、𪗾然咀嚼《さがみにかみて》、吹《ふ》き棄《う》つる気噴《いぶき》の狭霧《さぎり》に生《うま》るる神は、三柱の女《ひめがみ》にます、既《すで》にして、素戔嗚尊、天照大神の御髻《みみづら》、御鬘《みかづら》及び御腕《みたぶさ》に纏《ま》かせる八坂瓊之五百箇御統《やさかにのいおつみすまる》を索《こ》ひ取《と》り、天真名井《あまのまない》に濯《ふりすす》ぎ、𪗾然《さがみ》に咀嚼《かみ》て、吹《ふ》き棄《う》つる気噴《いぶき》の狭霧《さぎり》に所《う》生《ま》る神、正勝《まさかつ》吾《あ》勝勝速日《かつかちはやび》天忍穂耳尊《あまのおしほみみのみこと》他《ほか》五柱《いはしら》の男神《ひこがみ》、是時に天照大

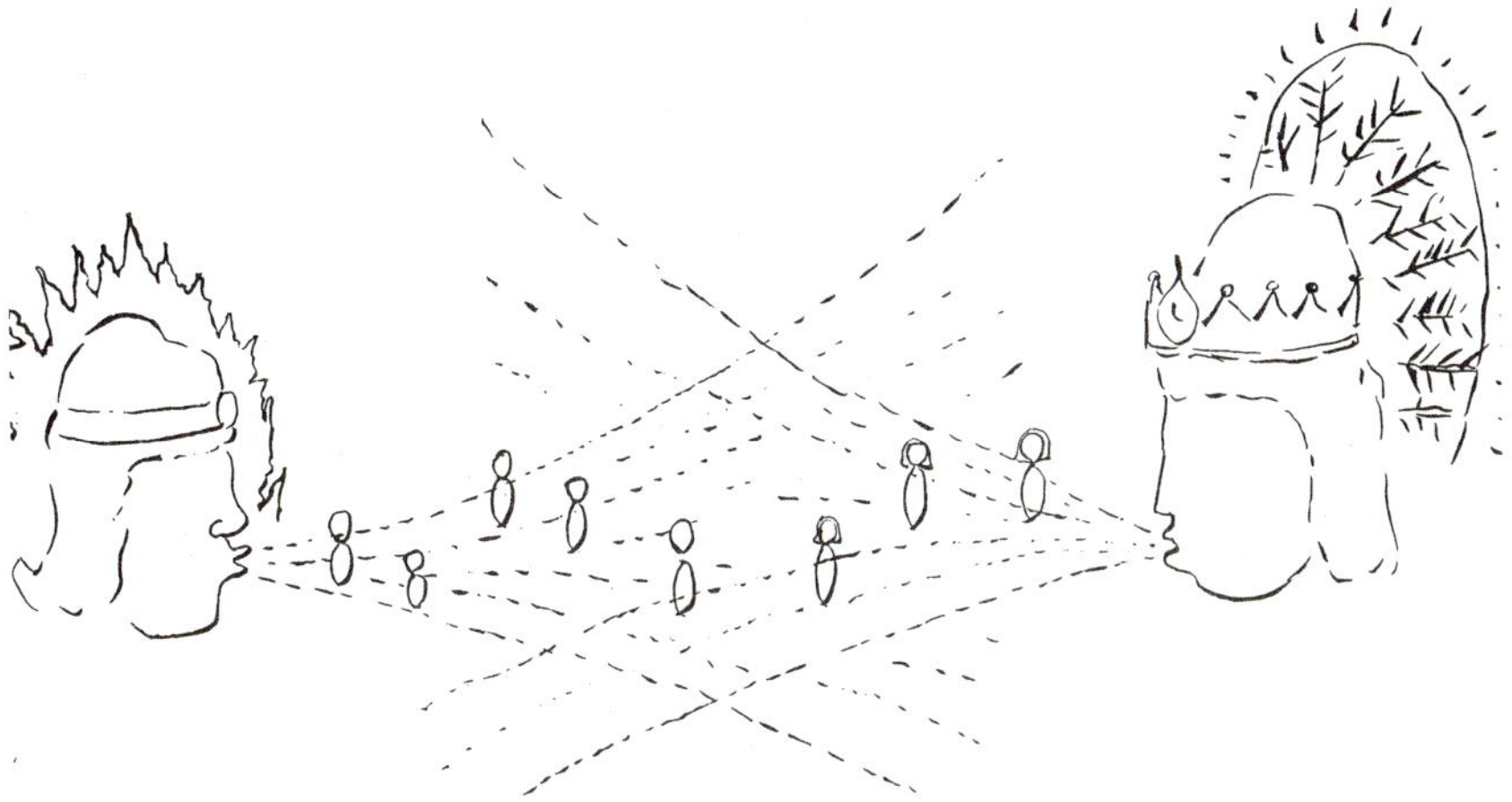

吹き棄つる気、神となる。惑星を司る神なり。守護神なり。

神、勅《みことのり》して曰《のたまは》く、「其の物根《ものざね》を原ぬれば、則ち八坂瓊之五百箇御統は是《こ》れ吾《あ》が物なり、故《か》れ彼の五柱の男神は、悉《ふつ》くに是れ吾が児《こ》也」と、乃ち取りて、子養《ひだ》し給ふ、また勅して曰はく、「其の十握《とつか》の剣は、是れ素戔嗚尊の物なり、故れ此の三柱の女神《ひめかみ》は、悉《ふつ》くに、爾《いまし》が児なり」と。

解説

天《あめ》の真名井《まない》は、去来之圓之井《いさのまない》なり。「吹き棄つる気噴の狭霧に生るる神」は、分化身なり、如来の化仏（菩薩群、天使群）なり、自在神（駆身神）の生成なり、體系としては、惑星系の生成なり。

参考

「吹き發《はら》う気神化為《とな》る」（書紀一書）

「天界では霊魂は鳥のようなものである」（スウェーデンボルグ）

一九、天の磐戸（復活と新生の場）

是の後に、素戔嗚尊の為行《しわざ》、甚だ無状《あじきなし》、日神《ひのかみ》の御田《みた》（天垣田《あまのかきた》）を荒す、故《か》れ、ここに、天照大神、見畏《みかしこ》みて、天石窟《あまのいはや》に入りまして、磐戸《いはと》を閉《さ》して、幽《こも》り居《ま》しぬ、故《か》れ、六合《あめつち》の内《うち》、常闇《とこやみ》にして昼夜《ひるよる》の相代《あひかは》るわきも知らず。

解説

「悪状《あじきなし》」は悪遊戯多しの意、惑星界（駆身界）は、遊び戯れによりて生成される。駆身界は、自在に遊ぶ神なり（悪戯即自在なり）。

また天駆ける神は「鳥」にて象徴さる天使なり（太陽神の御使い）。

「石窟戸隠れ」は、上天界（隠身界、仮凝身界、上耀身界）より、下天界（下耀身界、駆身界、限身界）への支配移行の壮厳なる儀式なり「隠れ↓顕わる」なり。復活、新生の場なり。

「日神御田、即ち天垣田」は、太陽系界なり。「荒す」は破壊創造を成すなり。

参考

「上のものは下にあり、下のものは上にある」（エメラルド・タブレット）

「吾は神より生まれ、イエス＝キリストにより死に、精霊により復活する」（バラ十字宣言）

「素戔嗚尊は、気海を自由自在に在り玉ふ也」（大石凝真素美）

「方便して涅槃を現ず、而も、実には、滅度せず、常に此処に住して法を説く」（法華経寿量品）

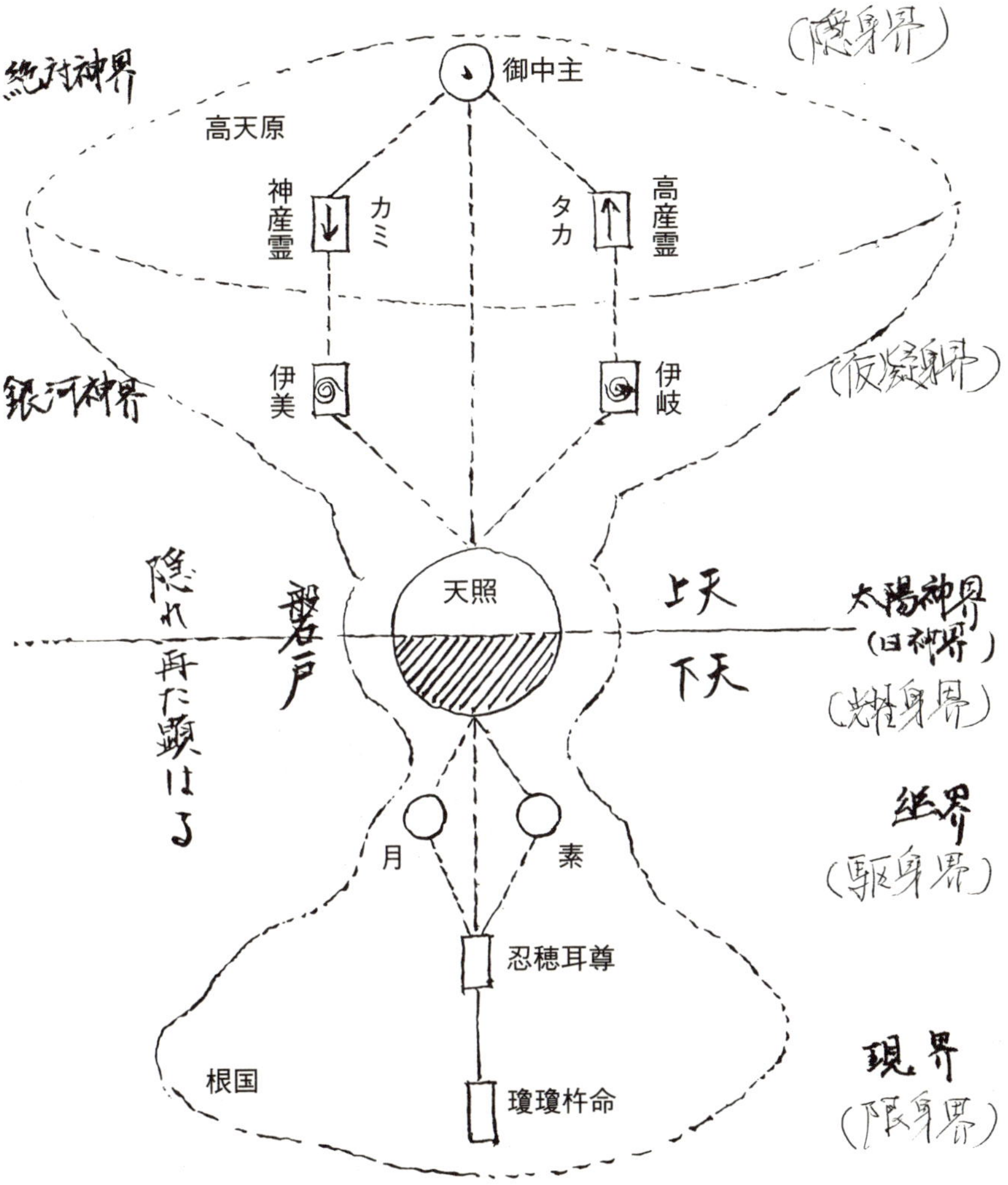

上天から下天への移行。神界は多重の層。
三界（耀身界、駆身界、限身界）は、天照大神の統治。

二〇、神の象と人の形（マクロコスモスとミクロコスモス）

時に、八十萬《やほよろず》の神たち、天《あま》の安河邊《やすのかはら》に會合《かむつど》ひて、其の祈祷《いの》るべき方《さま》を計《はか》らふ、故《か》れ八意思兼神《やこころおもひかねのかみ》、深く謀《はか》り遠《とほ》く慮《たばか》りて、思ひて白《もう》して曰《いは》く、「宜しく彼の神の象《みかた》を圖《あらわ》して造りて招祷《をき》奉《たてまつ》らむ」。故れ、天香山《あまかぐやま》の五百箇眞坂樹《いおつまさかき》を根掘《ねこじ》にして、上枝《かみつえ》には、八坂瓊之五百箇御《やさかにのいおつみす》統《まる》を取懸《とりか》け、中枝《なかつえ》には、八咫鏡《やたのかがみ》（一は眞経津鏡《まふつのかがみ》と云ふ）を取懸け、下枝《しづえ》には、青和幣《あおにぎて》、白和幣《しろにぎて》を懸《とりし》でて、相ともに祈祷《いの》り致《まを》す。又、遠《さる》女君《めのきみ》の遠祖《とおつおや》、天鈿女命《あめのうづめのみこと》、則《すなは》ち、手に茅纏之矟《ちまきのほこ》を持ち、天石窟《あまのいはやと》の前に立たして、巧《たく》みに俳優《わざおき》す。亦た天香山の眞坂樹《まさかき》を以て鬘《かづら》に為し、蘿《ひかげ》を以て手繦《たすき》に為して、火處《ほところ》、焼《た》き、覆槽《うけふ》置せ、踏轟《ふみとどろ》かし、顕神明之憑談《かむがかり》す。

解説

人体の創造理念構造の形成の荘厳なる儀式なり。神の象（マクロコスモス）＝人の形（ミクロコスモス）なり。

御神体＝賢木＝人体なり、＝卒塔婆なり、五輪塔なり。皆、同形の神の象を現している。

参考

「頭《あたま》、胴《からたま》を以て、其中に、七十五声を塗りこめて、人の身を造り玉ふ」（大石凝真素美）

「神、其の像の如くに人を創造たまえり、即ち、神の像の如くに之を創造、之を男と女に創造たまへり」（聖書・創世記）

「天地と人の形と宝舎とは、その起原は一つである」（造伊勢二所太神宮宝基本紀）

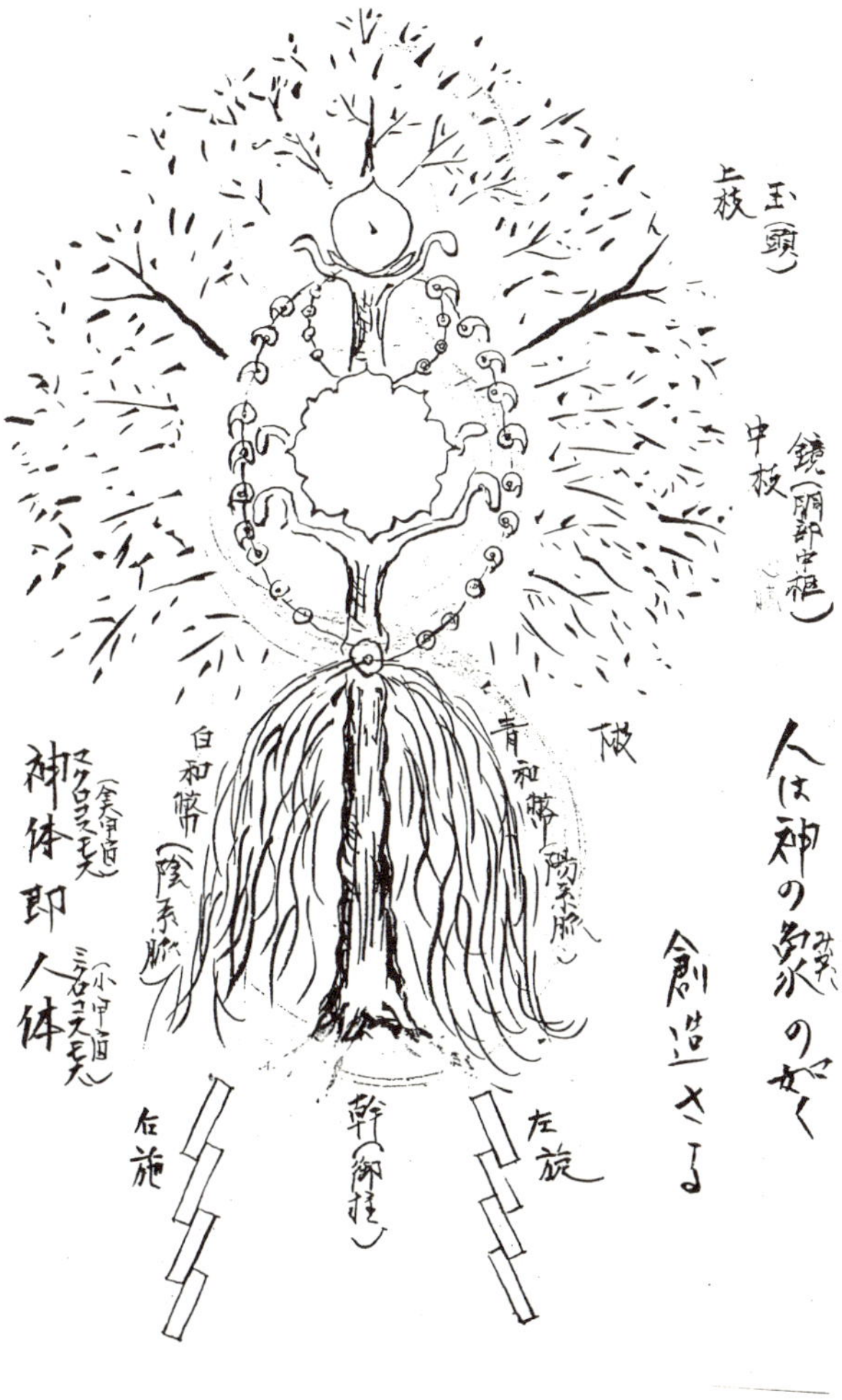

神の象と人の形の相応。神は大宇宙、人間は小宇宙。
上部中枢（頭）と玉、中部中枢（胴）と鏡。
幹は背骨、和幣は神経エネルギー脈路。

爾して乃ち、太玉命《ふとたまのみこと》、広く厚き称詞《たたへごと》を以て啓白《もう》さく、「吾が捧げたる宝の鏡明らかに麗はし、あたかも汝《いまし》が神の如し、乞、戸を開きて御覧さむ」とまをす。仍りて、太玉命、天児屋命《あめのこやねのみこと》、共に其の祈祷《いのり》を致《まを》す、時に、天照大神、戸を聊《ほそめ》に開きて窺《みそなほ》す、爰《ここ》に、天手力雄神《あまのたぢからをのかみ》をして、其の扉を引き啓《あ》け、新殿《にいみや》に遷《うつ》し座《ま》さしむ、則ち、天児屋命、太玉命、日御綱《ひのみつな》（端出之縄、是、日影の像なり）を以て、其の殿に界《ひきわた》す。此の時に当たりて、上天《あめ》初めて晴れ、衆倶《もろとも》に相見て、面皆明白《おもしろ》し。手を伸して、歌ひ舞ふ。相与《あいとも》に称曰《のたま》はく、「阿波礼《あはれ》、阿那於茂志呂《あなおもしろ》、阿那多能志《あなたのし》、阿那佐夜憩《あなさやけ》、飫憩《おけ》」爾して乃ち、二柱の神倶《とも》に請曰《もう》さく、「復《また》な還幸《かへりい》りましそ」とまをしき。

解説 神の似姿たる人身《ひとみ》の原姿《げんし》創造《そうぞう》造り了《お》はりて、神、一度、上天に隠れ、再び、下天の（耀身界以下の界）統治の座（新殿《にいみや》）に坐し給ふなり。

人もまた、自我《エゴ》の死という、闇路を抜けて、神と等しき耀《かがや》きを得るものなり。天の磐戸は、復活、再生の場なり（一度隠れ復た顕はるなり）。

「至大天球中に實相充実ゐる七十五声を人身の腹に納めて、入れ玉ふ大造化の道筋。人の腹の中には真須鏡の鎔《いがた》が裏表二枚に備りて有る」（大石凝真素美）

諸神《もろかみ》、是れを歓喜、神聖舞踏（神楽舞）を為す。

是れ、天晴《あまはれ》の相《すがた》なり。

神道は、歓喜の宗教なり。

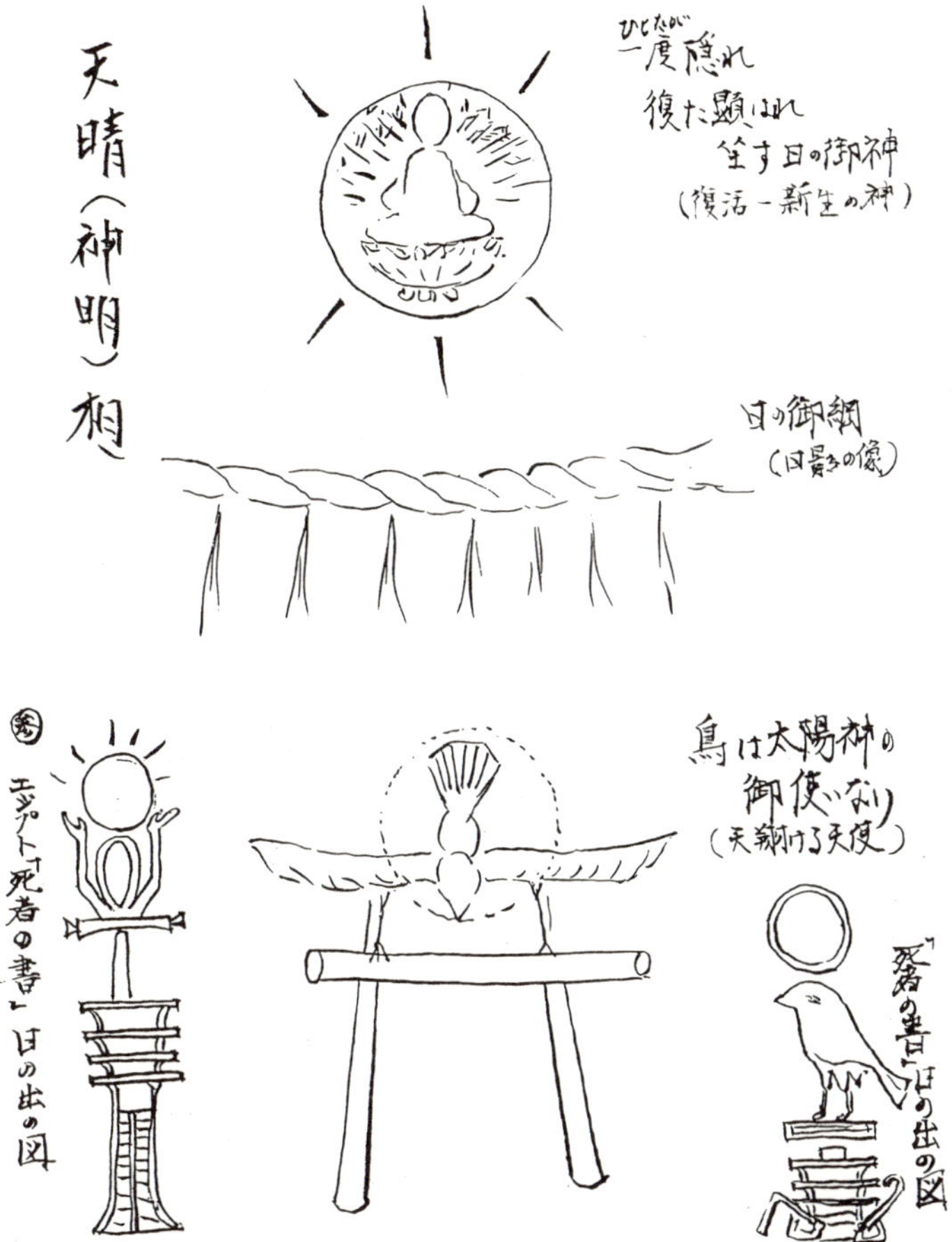

顕界は、天照大神の統治主宰。
鳥は駆身神の象徴、天翔る天の使い。一なる者に向かう魂、つまり、太陽神へ向かう使者。鳥は、耀身と限身および太陽（天）と地の中間存在のシンボル（象徴）である。地のシンボルは蛇である。
日の出の光線に、天使（鳥）は、地上に舞い降りて来る。

二一、三種神器の三（神剣草薙剣）

然して後、諸《もろもろ》の神、罪過《つみとが》を素戔嗚尊に帰《よ》せ、科《おほ》するに千座置戸《ちくらおきと》を以てし、其の手足の爪を抜きて之を贖《あか》ふ。已《すで》にして、竟《つひ》に神逐《かむやらひ》に逐《や》降《ら》ひき。

解説 惑星界創造、人型理念原姿の儀式了えて、下界統治の重責を負わせ派遣するなり。

参考 「『千座置戸を科す』とは、極重責を負任する事を云ふ」（大石凝真素美）

素戔嗚尊、天《あめ》よりして、出雲国の簸《ひ》の川上、名は、鳥髪《とりかみ》の地に降《いた》ります。天の十握剣《とつかつるぎ》を以て、八岐大蛇《やまたのおろち》を斬《き》りたまふ。其の尾の中に一つの霊《あや》しき剣得つ。其の名は、天叢雲《あまのむらくも》・草薙剣《くさなぎのつるぎ》（都牟刈《つむが》りの太刀《たち》）といふ。素戔嗚尊曰く、是れ、神剣《あやしきつるぎ》なり、吾れ、何《いかに》か敢《あへ》て私に安《お》かんとのたまひて、乃ち、天神に献上《たてまつ》りたまふ。然る後、素戔嗚尊、国神の女を娶《めと》りて、大己貴神《おおあなむちのかみ》を生みます。遂《つひ》に、根国《ねのくに》に就《い》でましき。

解説 蛇は地を象徴す。蛇退治は地界統治を示す。地を支配し後は、鳥となりて、天上に翔け騰る。

参考 「大己貴神、即ち大国魂神、大国主神は、地球の事なり、此の大国主神は、一切人類の身体を保ち玉ひて助け居玉ふ大御神なるが故に、御名五つありて、種々の活用を顕はし居玉ふ」（大石凝真素美）

「ツルギはスルギで、統師の義、草薙は民草を平定する義」（霊学奥義）

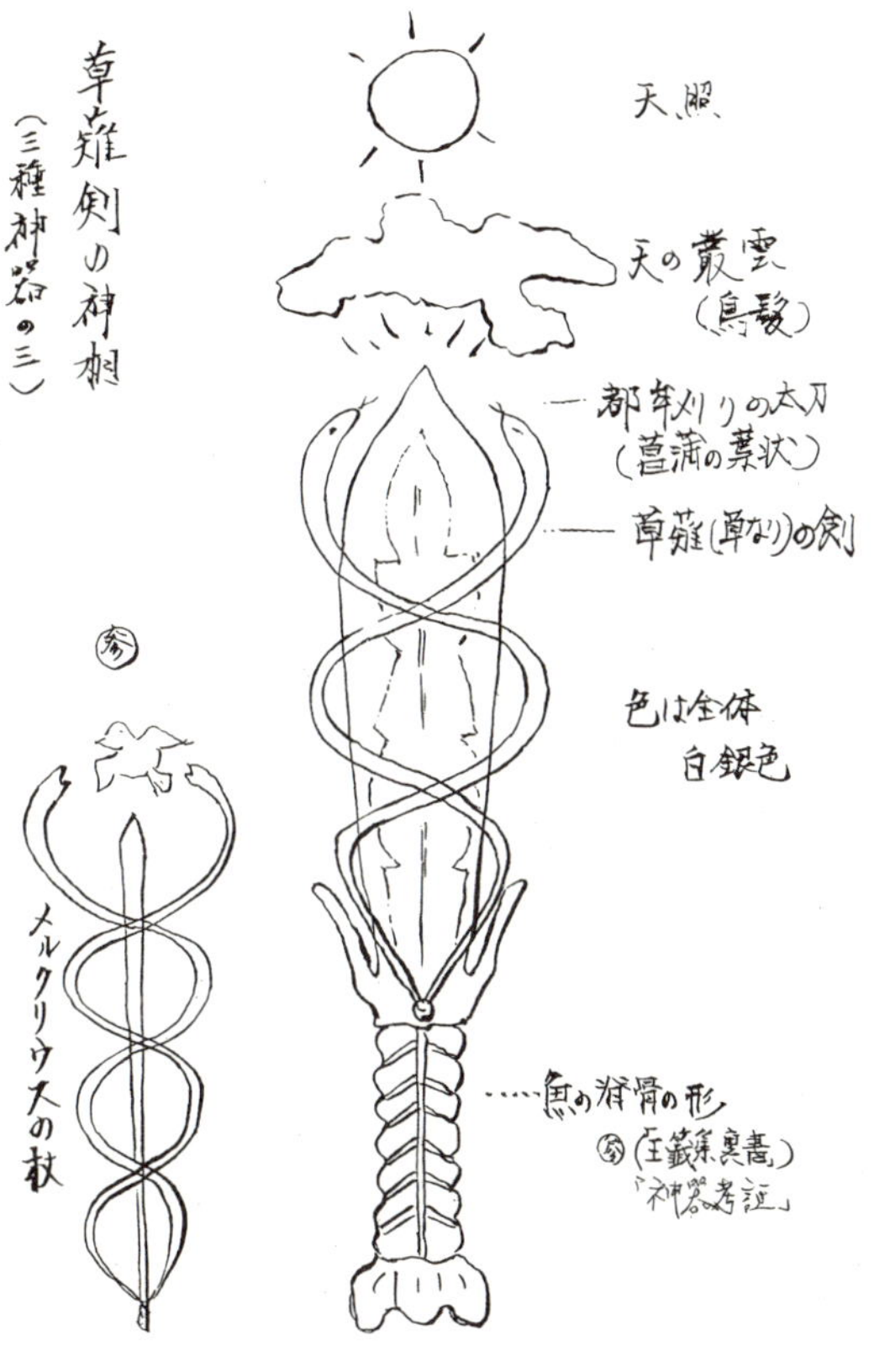

草薙剣は、地界統治の剣、煩悩を断ち切る智恵の剣、無私なる者が持つ宝の剣。地の象徴たる蛇は、螺旋を描いて天に舞い上がり、地を克服した後は、鳥となって天に昇り、天（太陽）の神に向かう。

二二、大已貴神（大国主神）と少彦名神（地球と月）

大已貴神と少彦名神《すくなびこなのかみ》と共に力を戮《あわ》せ心を一にして、天下《あめのした》を経営《つくり》たまふ。蒼生《あをひとくさ》・畜産《けもの》の為に、病を療《おさ》むる方《みち》を定めたまふ。また、災を攘《はら》はむ為に、禁厭《まじなひや》むる法《のり》を定めたまひき、百姓《おほみたから》、今に至るまで、咸《ことごと》くに恩頼《みたまのふゆ》を蒙《かがふ》る、皆、効験あり。大已貴神、少彦名神に謂《かた》りて曰《のたまは》く、「吾等が造れる国、豈善く成れりと謂《い》へむや」。少彦名神、對《こた》へて曰く、「或は成れる所もあり、或いは成らざる所もあり」と。

解説 駆身界は、魂界、輪廻の界、限身界と共に進化の途上に在るなり。

参考 「大已貴神は地球の主宰神、少彦名神は月の主宰神」（本田親徳）
「倭姫命、教えて曰く、『慎みてな怠りそ』と」（古語拾遺）
「あなたがたが地上でつなぐことは、天でも皆つながれ、あなたがたが地上で解くことは天でも皆解かれるであろう」（聖書）
釈尊、最後の言葉に曰く「怠らず努め、人格を完成せよ」と。（大般涅槃経）

其の後、少彦名神、常世《とこよ》ゆく、大己貴神言《のたまは》く、「今此の国を理《をさ》むるは、唯、吾れ一身《ひとり》のみなり、其れ、吾と共に天下を理《をさ》むべきもの蓋《けだ》しありや」。時に神光《あやしきひかり》、海を照し、忽然《たちまち》に浮かび来るものあり、曰く、「如《も》し、吾れ在らずんば、汝、何《いか》ぞ能く此の国を平《む》けまし、吾れ在るに由《より》ての故に、汝其の大造之績《おおきにつくるいたはり》を建つることを得たり」。是の時に大己貴神問ひて曰く、「然らば、汝は是れ誰ぞ」、對へて曰く、「吾は是れ汝《いまし》が幸魂奇魂《さきみたまくしみたま》なり」と。

参考

「幸魂は神愛、奇魂は神智、乃ち霊魂にして直霊なるもの之を主宰す」（本田親徳）

天下《あめがした》の道は、奇魂（智恵）と幸魂（愛）に導かれよとなり。人には、一霊四魂（奇魂・幸魂・和魂・荒魂）あり。肉身のみならず、魂あり、霊あり、三重の層あり。

附　進化の道（帰神・帰昇の道）

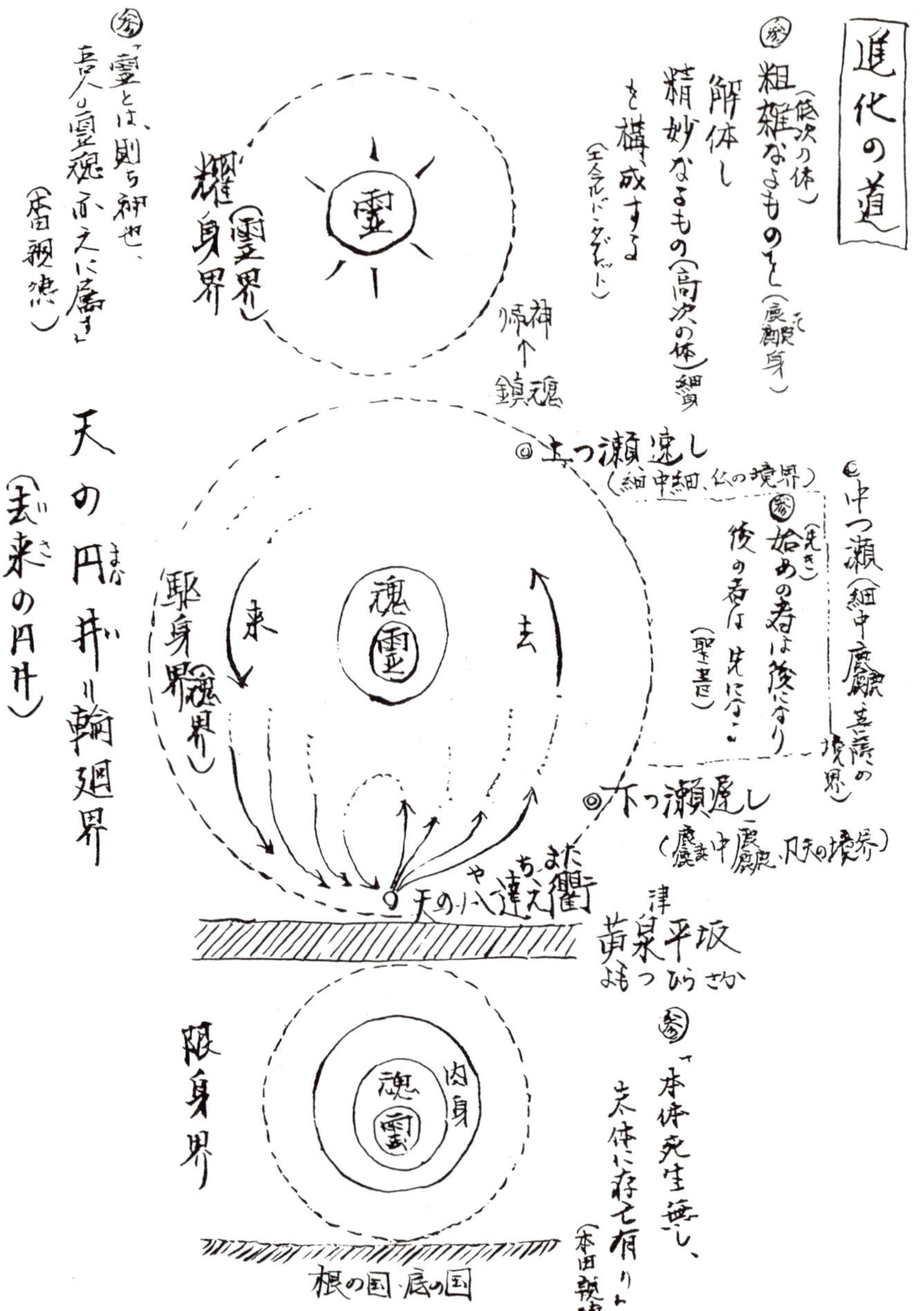

霊性開顕（進化）の道は、帰神（帰昇）の道である。人間（限身）の内奥中心は霊であり、不変である。末体の衣（肉体・魂体）には存亡あり。魂は上昇する時、肉体を脱ぎ、下降する時、肉体を着る。魂の旅には「上昇・帰昇・帰神・去・↑」の旅と「下降・降臨・来・↓」の旅がある。

講究

「進化の道」に就いて

「泉津平坂《よもつひらさか》」……臨終の期より魂界に入る間（境《さか》）。

「本体死生無し、末体に存亡あり」……限身にてまとう末体なる肉体は魂界にては無く、魂界（輪廻界）にてまとう末体なる魂身は、霊界にて一つになるによりて消滅す。

「天之八達之衢《やちまた》」……人の限身界での魂のレベルによって数多の道に分かれゆくなり。

「下つ瀬」……凡夫の境界、「後の者」は、輪廻で期間が早くなる。

「中つ瀬」……菩薩の境界。「先の者」は、輪廻が遅くなる。わずかの輪廻で了はる。神通力（他心通他）といふも駆身の力なり。

「上つ瀬」……仏の境界、輪廻終わる。

駆身界（魂界）主宰神は、正勝吾勝勝速日天忍穂身尊なり。

参考

「霊界には、三つの世界があり、それを上、中、下の三世界という、三世界に住む霊の性質には、主に、その霊の人格の高さという点に違いがある」（スウェーデンボルグ）

魂界にては、正に「己れ自身を知り」「己に克ちゆく」によりて霊格の、向上あるなり。故に、常に油断なく心して、高き霊（大神）に導かれよ、上から来る者（神智・神愛）にて、上に運ばれゆき、下から来る者（我意）によりて、下に引かれゆき遠ざかるなり。

限身界にては、「諸悪莫作・衆善奉行・自浄其意」が、日々の心の鏡なり、清明一心を染汚することなかれ。「世間虚仮、唯佛是真」（聖徳太子）なり。

「霊は神なり」……汝が霊と一つになるとき、鏡の相照す如く、汝もまた神となる。霊と一つになるによりて「永遠の生命を得る」というなり。

参考

「万有は一から生じた。人は神より生まれた。人は本質に於て天に、肉体に於て地につながれている」（ヘルメス文書）

「人を知るは智、自ら知るは明、自ら勝は強、足を知る者は富む」（老子）

「智恵浄《きよ》きに随いて、則ち其の心浄し、その心浄きに随いて、則ち一切の功徳浄し、若し、菩薩浄土を得んと欲せば、當に其の心を浄くすべし、その心浄きに随いて則ち浄土浄し」（維摩経）

「神と魂の救い以外は、虚しいことである」（キリストに倣いて）

『古事記伝』所収の「三大考」にて、次の図あり。

第八図

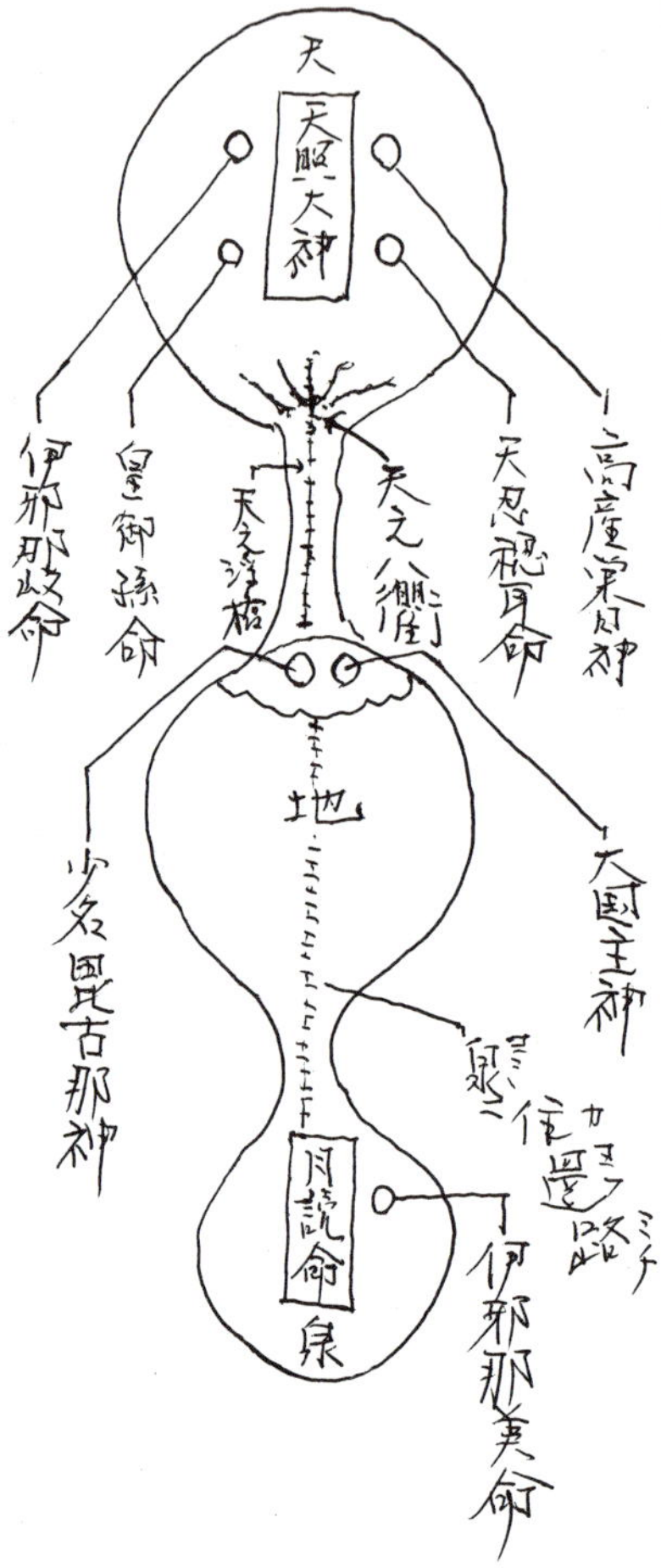

地球の主宰神は大国主神。

月の主宰神は少名毘古那神。

死後、天に向かう所に天之八達之衢あり。

天界と地界の間に天之浮橋あり。

階段（神階）がある。

スウェーデンボルグによると、上中下の三つの天界がある。水谷清の五種神界からすると、五重の層の神界がある。

講究

人は、現界にて、肉身をまとひ限身として生きる。死後は、スウェーデンボルグによれば、
死は、霊にとっては霊界への旅立ちに過ぎないこと
霊界へ旅立つまで、二三日の間があること
死と同時に導きの霊が死者の霊の所へやってくること
死者の霊と導きの霊とで、想念の交換のあること
肉体が死ぬと霊は精霊となって精霊界へ導かれ、そこで永遠の生の準備をすること、精霊は自然界と霊界の中間にあたる世界であること、この世で死んだ後、先ず第一にその霊が行く場所が精霊界であること
人間は、もともと、霊と肉体から成っていること
を伝えている。

また、人智学のルドルフ・シュタイナー博士によれば、
人間は、物質体・エーテル体・アストラル体・自我によって構成され、死の時点で物質体がエーテル体から分離し始める。エーテル体が物質体から分離される結果、エーテル体がアストラル体と結合状態になる。アストラル体は過去の生の記憶を有している。死後の人の最初の状態は、過去の生の誕生から死までを一連の映像として知覚する。死後の二三日間は過ぎ去った地上の人生が映像の形で概観される。
と言っている。

附 「天国と地獄」（抄）（スウェーデンボルグ）

天界では凡ゆる思考は伝達される。

人は、主から善と真理を受け入れる度に従って天使となる。

三つの天界が存在し、これらは相互に全く他から区別されている。

神的秩序の凡ゆる物は人間の中に結集されており、人間は創造から神的秩序の形である。

人間は天界に入って天使となるように創造されている。

人間は、その内部の方面では霊である。

天界は、全般的には一人の人間に似ており、そのため天界は「巨大人」と呼ばれている。

天界の太陽は主であり、そこの光は神的真理であり、熱は神的善である。主は実際、天界に太陽として見られたもう。

霊と呼ばれている人間の内なる部分は、その本質は天使であり、それが地的な身体から解放されると天使と等しく人間の形をもって存在する。

天界のあらゆる者は、主に向いている。

霊界では、人は、他の者に会いたいと切にのぞみさえするなら、その者の前に現れる。

天使たちには自己愛がない。

何ものも、そのもの自身から存在しないで、そのもの自身よりも先に在るものから存在し、かくて凡ゆる物は「最初のもの」から存在し、また凡ゆる物の存在の根源である「かれ」から存続しており、そして存続することは不断に存在することである。

真の祝福は、主から愛と信仰とを受けることであり、そのことにより主と連結することである。なぜなら、そこから永遠の幸福が生まれるからである。

霊と天使とは凡ての人間と共におり、人間は主から霊と天使により導かれる。霊魂または霊の楽しさは、凡て主に対する愛と隣人に対する愛から流れ出ており、かくてそれは善と真理への情愛であり、内的な満足である。

人間は死ぬと、たんに一つの世界から他の世界へ移って行くにすぎない。復活と生命の連続がある。

附　「ヘルメス文書」（抄一）

上昇するフュシス（火と空）と下降するフュシス（水と土）。下降するフュシスは、火からの成熟と空からの気息を受け取り、身体を産出した。

神は、両性の故に極めて多産であり、常に自己の意志によって孕み、産出すべく意志したものを絶えず産んでいる。

神（造物主）は、星辰界を眺めかつ賛美すべき者として本質的人間を創造する。

被造物の中で造物主と人間が至高神自らの作品。

神の像は二つあって、世界と人間である。

誕生の過程で地上へと降下する人間霊魂は、七つの遊星天を通過する。

人間は、二重性を有している。身体の故に死ぬべき者であり、本質的人間の故に不死なる者である。

講究

帰昇と降臨

「人間は、身体を着た霊である」

「人間は、その内部の方面では霊である。人間は、外なる感覚的なものを越えて、高揚されるとき、さらに澄明な光の中へ入り、ついには、天界の光の中に入る」（スウェーデンボルグ）

「衆生本来仏なり」（白隠）

「見よ、神（霊）の国は、あなた方のただ中にあるのだ」（聖書・ルカ伝）

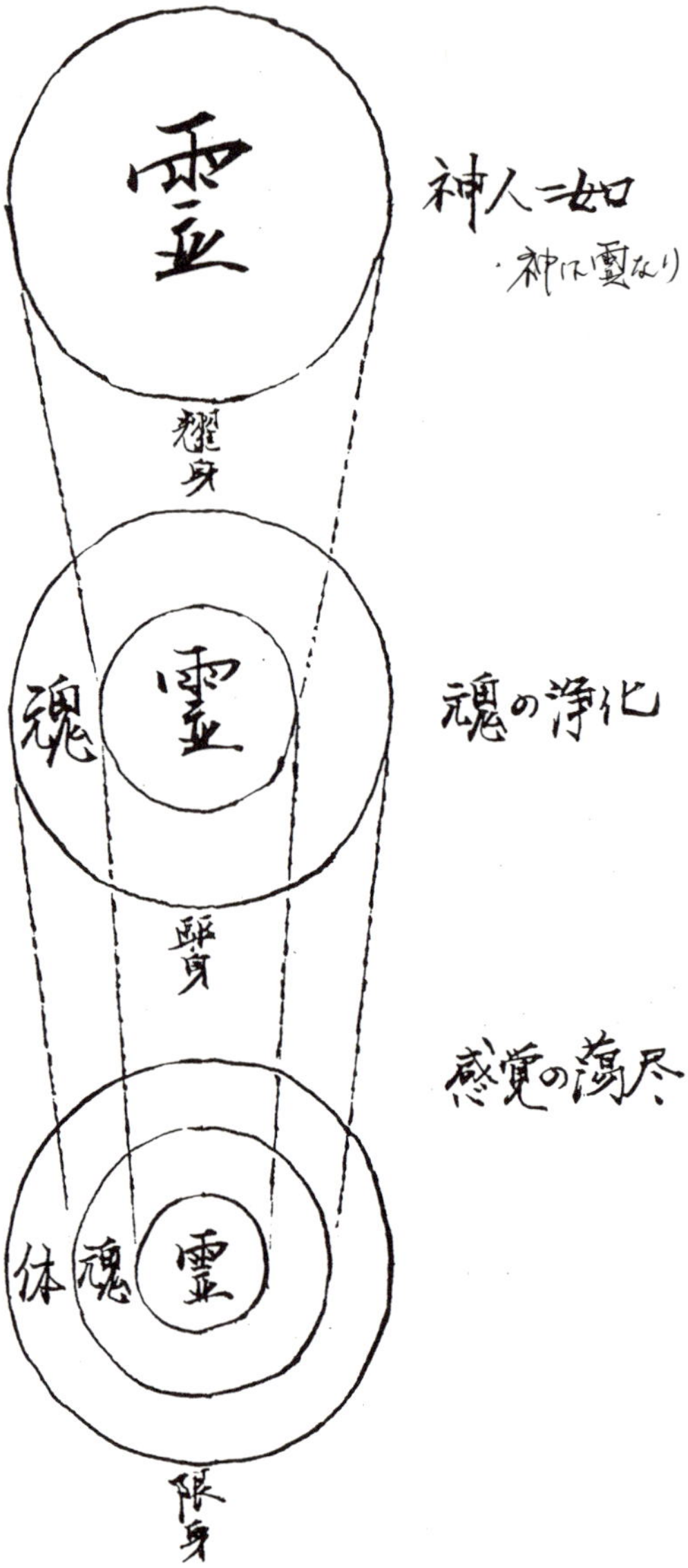

人間は身体の衣を着た霊である。死の時、身体の衣を脱ぎ、魂の浄化界に入る。魂が浄化されると霊と（神と）一つになる。

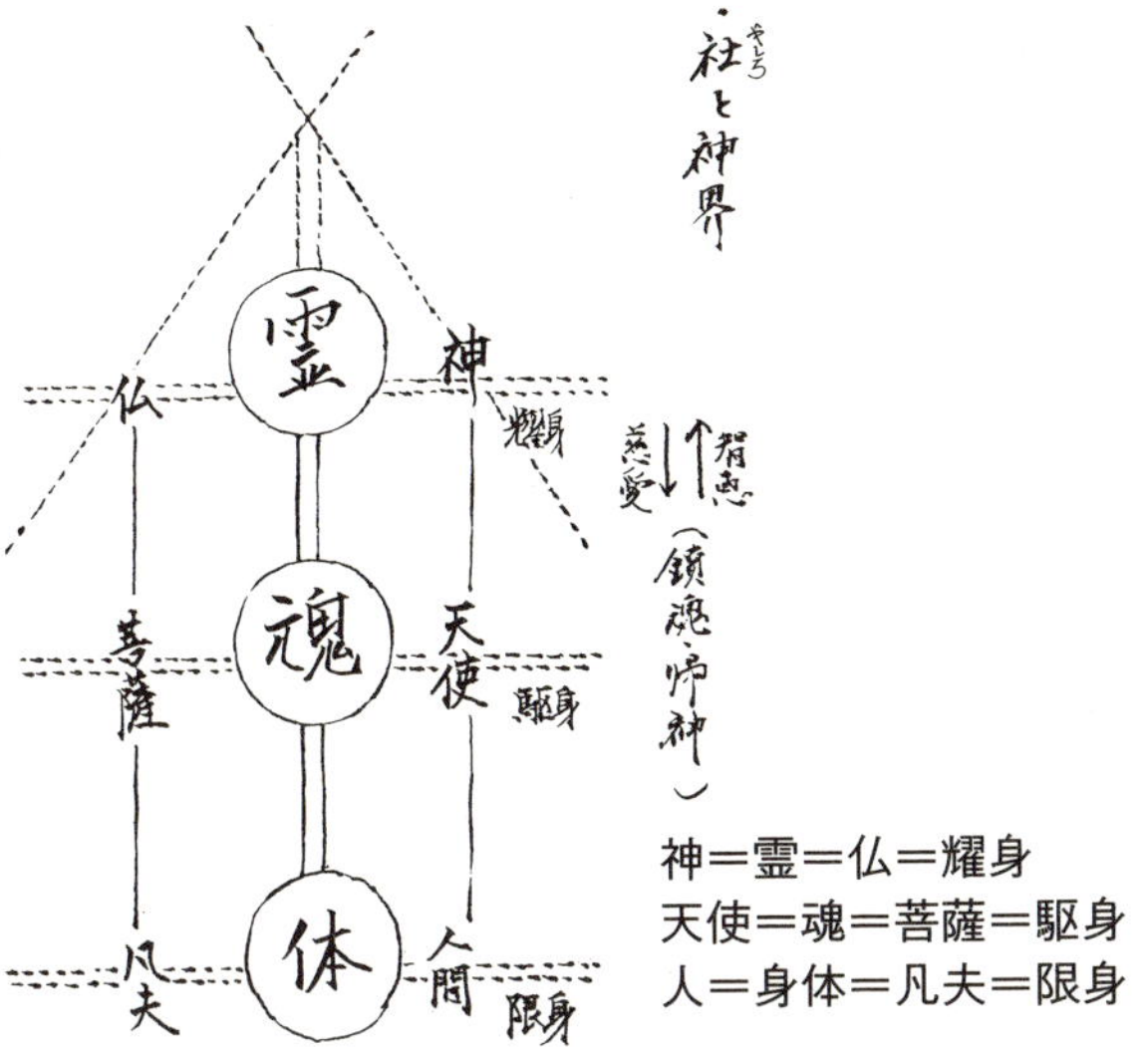

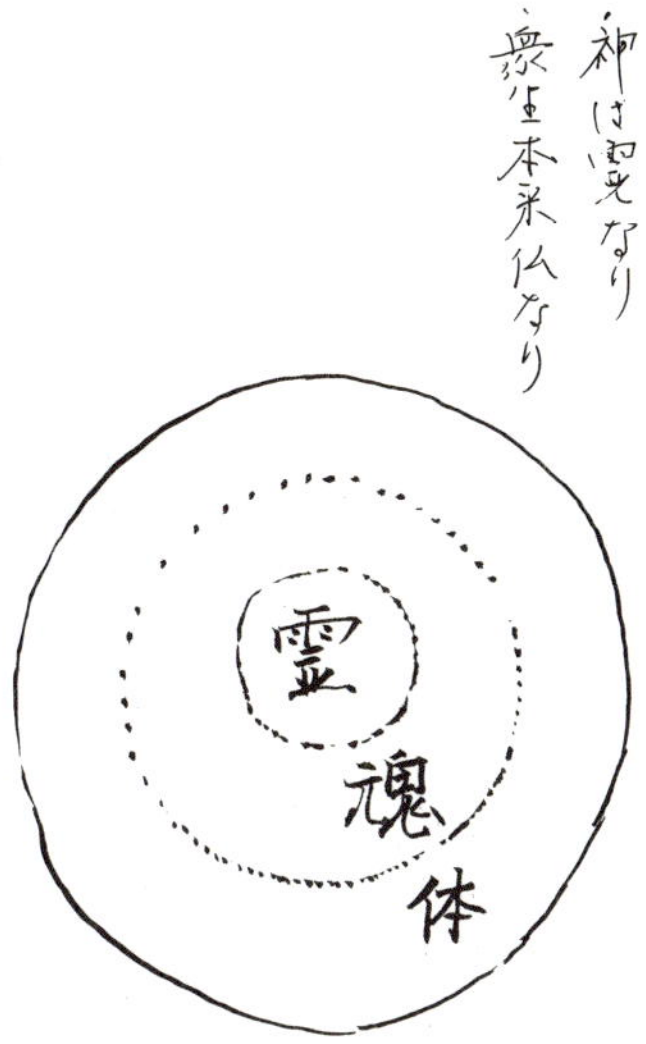

講究

人間（限身神）の本質相

人間の三重層

一、人間の本質（中心）は霊（神）である

二、完成途上にある魂を中間に有していること

三、肉体の衣を（外に）まとっていること

悟り＝心身（体魂）脱落＝霊体一如＝神人一如

「見よ、神の国は、実に、あなたがたのただ中にあるのだ」（聖書・ルカ伝）

「古へ体を称して命と曰い、霊を称して神と曰う」（本田親徳）

「心（魂）を尽くし、精神（霊）を尽くし、主なる神に仕えなさい」（聖書）

「人間は、天界に入って、天使となるように創造されている」（スウェーデンボルグ）

「汝らは、肉体的、魂的、霊的なものが一体となっている三重体なるものなり」（エメラルド・タブレット）

附　エメラルド・タブレット銘文（ヘルメス・トリスメギストス）

一、これは真実、偽りなき真実であって、至高の真実である。

二、一つの偉業を成しとげるにあたっては、下にあるものは上にあるものと同じ、上にあるものは下にある。

三、一つが全体で、全体は一つから生み落とされた、すべてをつくりたる者、すべてを治むる者なり。

四、三は偉大なる一より来れる神秘なり。原初には、三単一体のみ住み、これら以外は存し得ざりき。これらは創造の根源、均衡にして、一は真理、三は神の家における三特性、無限の力、無限の智恵、無限の愛なり。すべてのものを創造する力は三なり。完全なる知識をもてる聖なる愛、あらゆる可能なる手段を知る智恵、そして聖なる愛と聖なる智恵との結合意志によりて支配さるる聖なる力。

五、その父は太陽、その母は月、風はそれを胎内に運び入れ、大地は、それを養い育てる。

六、それは、世界の驚異であって万物の創造の父である。

七、もし、それが大地に向かえば、その力は完全無欠である。

八、火から土を生じ、粗大なるものから微細なものを分離せよ。

九、それは、地から天へと上昇し、再び天から地へと下降して優れたものと劣ったものの力を一つにする。おまえは世界の栄光をわがものとし、不確実なるものはお前から消え去る。

一〇、これは、すべての力のあるものの中でも、最強のものである。というのも、それは、すべての精微なるものを圧倒し、あらゆる固体を貫通してしまうからだ。

一一、人間本性の神秘につきて聞け、汝らは、肉体的、アストラル的、心的なるものが一体となりたる本性上の三重体なるものなり、人間の三重本性を超えし上に霊的自我の界存す。
一二、かくして、大地が創造されたのだ。驚くべき適応力が示されるだろう。
一三、このような三倍の威力のゆえに、私は、ヘルメス・トリスメギストスと呼ばれ、世界の知識の三つの部分を支配している。
一四、私が、太陽の作用について述べることは、これだけである。

附　「ヘルメス文書」（抄二）

人間は魂の降下において受け取ったものを魂の帰昇において返却する。

造物主は、全世界を手によらず、言葉によって造った。

神は、世界（コスモス）を造られただけでなく、人間をも、その内に造られ、世界（コスモス）の飾りとして示された。

空気は、物質より微細であり、魂は空気より微細であり、ヌース（叡智）は魂よりも微細であり、
神は、ヌースよりも微細である。

身体は魂の衣である。

附　大祓詞要（五種神界を宣る）

高天原《たかあまはら》に神留坐《かむづまりま》す　皇親神漏岐《すめむつかむろぎ》　神漏美命《かむろみのみこと》以《もち》て

八百萬神等《やほよろづのかみたち》を神集《かむつど》へに神集《かむつど》へ賜《たま》ひ　神議《かむはか》りに議《はか》り賜《たま》ひて

我皇御孫命《あがすめみまのみこと》は　豊葦原水穂国《とよあしはらのみずほのくに》を　安国《やすくに》と平《たひ》らけく知食《しろしめ》せと事依奉《ことよさしまつ》りき

如此依奉《かくよさしまつ》りし国中《くぬち》に　荒振神等《あらぶるかみたち》をば　神問《かむとは》しに問《とは》し賜《たま》ひ　神掃《かむはら》ひに掃《はら》ひ賜《たま》ひて

語問《こととひ》し磐根樹立草《いはねきねたちくさ》の垣葉《かきは》をも語止《ことやめ》て　天之磐座放《あめのいはくらはな》ち

天之八重雲《あめのやへぐも》を伊頭《いづ》の千別《ちわき》に千別《ちわき》て　天降《あまくだ》し依奉《よさしまつ》りき

如此依奉《かくよさしまつ》りし四方《よも》の国中《くになか》と　大倭日高見国《おほやまとひたかみのくに》を安国《やすくに》と定《さだ》め奉《まつ》りて

下津磐根《したついはね》に宮柱太敷立《みやばしらふとしきた》て　高天原《たかあまはら》に千木高知《ちぎたかし》りて

皇御孫命《すめみまのみこと》の美頭《みづ》の御舎仕奉《みあらかつかへまつ》りて　天之御蔭日之御蔭《あめのみかげひのみかげ》と隠坐《かくりまし》して

安国《やすくに》と平《たひら》けく知食《しろしめ》さむ

天照大御神《あまてらすおおみかみ》　天津神国津神《あまつかみくにつかみ》　祓給清給《はらひたまひきよめたまへ》

人体・人形と神社は同じ形をしている。
天照大神は、心臓、明鏡である。

附　大祓詞と社《やしろ》図

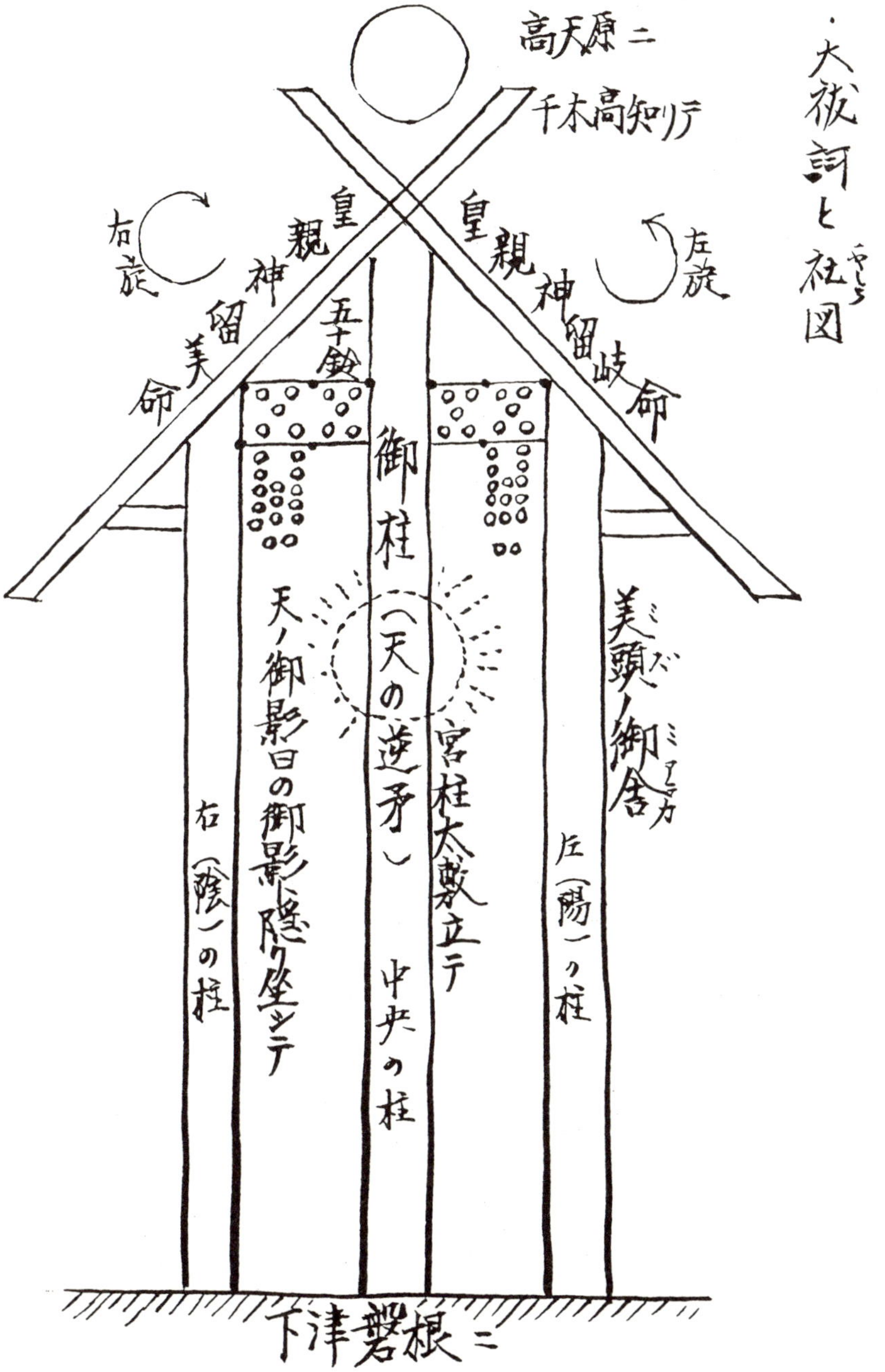

天空は高天原、千木高知りては、陰陽の交象（高皇産霊・神皇産霊）。
五十鈴は五十音の言霊。御柱は中央の柱。左右の柱は、陰陽の柱。
社の中央には鏡が天照大神の象徴として在る。

二三、天壌無窮の神勅

天祖吾勝尊《あかつみこと》、栲幡千千姫《たくはたちぢひめ》を納《い》れたまひ、天津彦彦火瓊瓊杵命《あまつひこひこほのににぎのみこと》を生《う》みましき。皇孫命《すめみまのみこと》と号《もう》す、既にして、天照大神、皇孫《すめみま》を崇《かた》て養《ひだ》したまひ、降して豊葦原中国《とよあしはらなかつくに》の主《きみ》と為《せ》むと欲す。

時に天祖天照大神、皇孫に勅して曰く、「夫れ、豊葦原水穂国《とよあしはらみずほのくに》は、吾が子孫《うみのこ》の王《きみ》たるべき地《くに》なり、宜しく爾《いまし》、皇孫《すめみま》就《ゆ》いて治《しら》せ、行矣《さきくませ》、宝祚《あまつひつぎ》の隆之《さかえ》まさむこと、天壌《あめつち》と与《とも》に窮《きはま》り无《な》かるべし」と。即ち、八坂瓊曲玉、及び、八咫鏡、草薙剣の三種《みくさ》の神宝《かむたから》を以て皇孫に授け賜ひて、永《ひたぶる》に天爾《あまつしるし》と為《し》たまふ、即ち、勅曰《みことのり》したまはく、「吾が児、此の宝の鏡を視まさむこと、まさに吾を視るがごとくすべし、与《とも》に、床《ゆか》を同じくし、殿《おおとの》を共《ひとつ》にし、以て齋鏡《いはひのかがみ》と為すべし」とのりたまふ。

解説

無限光明霊（太陽霊）と、床を共つにしたとき、「吾は、神と一体である」と言える。

参考

「天照皇太神、宝鏡を持ち、之を祝して宣く、吾が児、此の宝の鏡を視ること、当に、吾を視るが如くすべしと。永劫より、永劫に至るまで不変。八坂瓊勾玉及び白銅鏡を荷い、草薙剱を腰に挿《はさ》み、悪事を平らげ、金剛宝柱の中に色葉（イロハ）の文を誦み、清め事を為す」

（空海、天地麗気記 一）

「三界（耀身界、限身界、）は、吾が有、その中の衆生は、悉く皆、吾が子」（法華経）

「わたしは、道である、真理である」「わたしは、神の子である」（聖書・ヨハネ伝）

「わたしは、α《アルファ》であり、Ω《オメガ》である」「あなたがたは神々である」（聖書）

「衆生、本来仏なり」（坐禅和讃）

「一切衆生悉く仏性有り」（涅槃経）

※神勅と三種の神器と神言

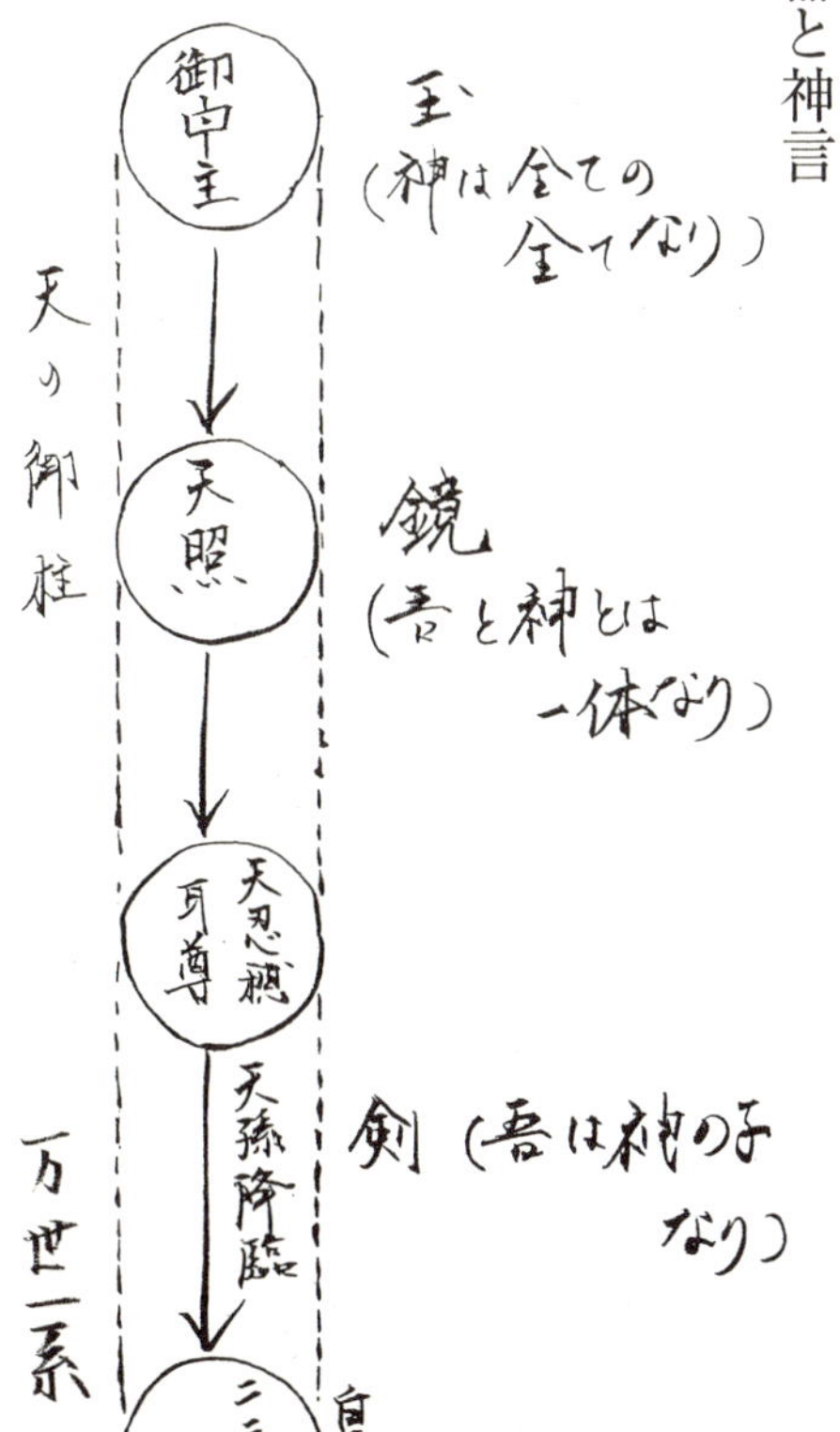

神統・皇統は、三種神器と共に無窮である。故に万世一系が保たれている。
真理は恒久不変、日本は御柱立つ国である。霊の元の国である。玉は萬教帰一（よろずひとつ）を象徴し、鏡は神人一如（かみひとひとつ）を象徴し、剣は、地界統治を象徴する。

二四、天孫降臨

又、勅《みことのり》したまひしく、「吾は、天津神籬《あまつひもろぎ》又、天津磐境《あまついわさか》を起《おこ》し樹《た》てて、吾が孫の為に斎《いわ》ひ奉らむ。汝《いまし》、天児屋命、太玉命、二柱の神、天津神籬持ちて、豊葦原の中国に降り、亦、吾が皇孫《すめみま》の為に斎《いは》ひ奉れ。惟《こ》れ、爾《いまし》二柱の神、共に、殿《みあらか》の内に侍ひて、能く防ぎ護れ、吾が高天原に所御《きこ》しめす斎庭《ゆには》の穂《いなほ》を以《もち》て亦《また》吾が児に御《まか》せまつれ、太玉命、諸部《もろとものを》の神を率《ひきひ》て、其の職に供《つか》へ奉ること、天上の儀の如くせよ」とのりたまふ、仍《よ》りて、諸神《もろかみ》をして、亦、与に陪従《そ》へしめたまふ、復、大物主神に勅《みことのり》したまはく、「八十萬の神を領《ひきい》て、永《ひたぶる》に皇孫の為に護り奉れ」とのりたまふ。時に高皇産霊神、真床覆衾《まどこおふふすま》を以て、皇孫天津彦彦火瓊瓊杵命《あまつひこひこほのににぎのみこと》を覆《おほ》ひて降りまさしむ。

ここに瓊瓊杵命、天降りまさむとする時、一の神、天八達之衢《あめのやちまた》に居り、眼八咫《やた》の鏡の如し、猿田彦なり、曰はく、「天孫は、日向の高千穂の槵触《くしふる》の峯《たけ》に到りますべし」と、皇孫《すめみま》是に、天磐座《あめのいわくら》を離《おしはな》ち、天八重雲《あめのやえぐも》を排分《おしわ》きて、稜威《いつ》の道別《ちわ》きて天降ります、果に、先の期の如くに、皇孫則ち、日向《ひむか》の高千穂《たかちほ》の槵触《くしふる》の峯《たけ》に到ります。

解説

「真《ま》床《とこ》覆《おほみ》衾《ふすま》」は、肉身なり、これにて身は社にして心は神なる限身神として地に降り給ふなり。

「日向」は日の出ずる国、日本なり、「高千穂の槵触峯」は、高霊秀《たかちほ》の奇霊峯《くしぶるだけ》、富士（不二）の峯なり、故に、霊峰富士は、真秀霊場《まほろば》なり、犯すべからず、仰ぎ見るべし、畏れ敬うべし。

参考

「神は、そのひとり子を賜わったほどに、この世を愛された」（聖書・ヨハネ伝）

「わたしが、天から下ってきたのは、自分のこころのままを行うためでなく、わたしをつかわされた方の御心を行うためである」（同）

「ヨハネ伝」は、天孫降臨章の賛美歌なり。

講究

限身、駆身そして耀身への進化帰昇の道

（魂の降下と帰昇）

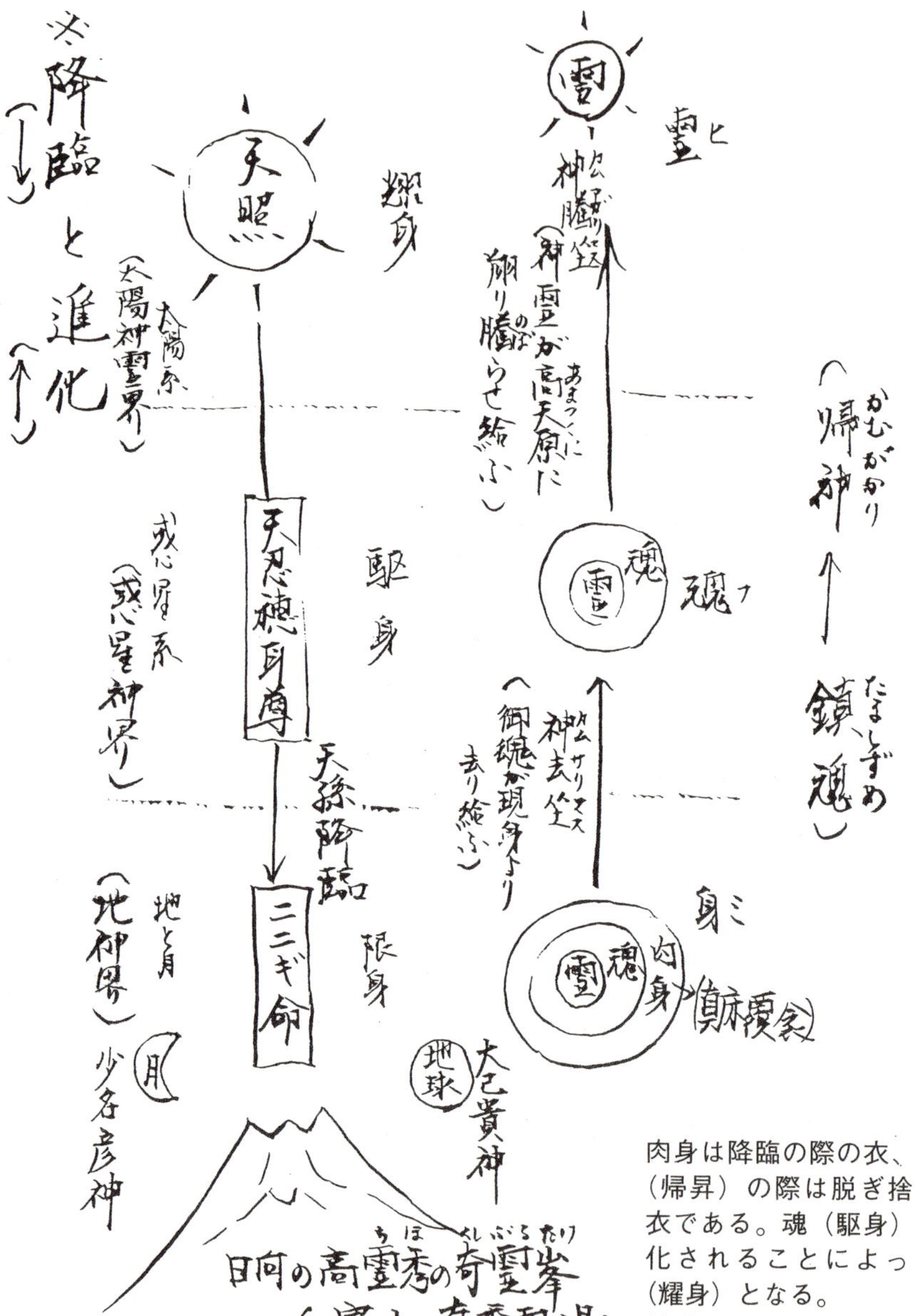

肉身は降臨の際の衣、帰神（帰昇）の際は脱ぎ捨てる衣である。魂（駆身）は浄化されることによって霊（耀身）となる。
鎮魂・帰神が向上の道、神の道である。

霊峯に神々は降臨している。日本の霊峯、世界の霊峯を清め畏れ敬うが良い。神々に祈り、地球（大国主神）を鎮めよ。

講究

聖書ヨハネ伝に見る進化と降臨

「神は霊であるから、礼拝する者も、霊とまことをもって礼拝すべきである」

↓礼拝とは帰依、霊と一つと成ること、神と一つとなることとなり、神人一如なり

「自分のからだである神殿」

↓身は社、心は（霊は）神ということ

「だれでも新しく生まれなければ、神の国を見ることはできない」

↓肉身を捨て、魂と生まれ、魂を棄て、霊と生まれるによりて神の国を見るなり

「だれでも水と霊とから生まれなければ神の国に入ることはできない、肉から生まれる者は肉であり、霊から生まれる者は霊である」

↓水は駆身（魂）、霊は霊（耀身）となりて、神の国に入る

「神はそのひとり子をたまわるわったほどに、この世を愛してくださった。それは、御子を信じる者が一人も滅びないで、永遠の命を得るためである」

↓神の子（天孫）の降臨なり、信じるは、一体となることとなり、神と一つとなるにより
て永遠の命を得るなり

「上から来る者は、全ての者の上にある」

↓〈父〉―〈子〉―〈霊〉の図なり。　○↓○↓○（降臨図）即　○↑○↑○（進化帰昇図）
なり。

「わたしたちには一人の父がある、それは神である」

「わたしは、アブラハムの生れる前からいるのである」

↓神（父、霊）の立場で語っているのである

「わたしと父とは一つである」
↓父と子と霊は一つである
「わたしはよみがえりであり、命である。わたしを信じる者は、たとい死んでも生きる」
↓耀身（霊）の立場で語るなり

講究

五種神界の旅

人は限界にて肉身をまとひ、限身として生きる。

死して後、肉身を脱ぎ捨て、魂として駆身を生きる。「人将に死す時、魂は昇《のぼ》り、魄は降る也」（朱子全書）

ここにて輪廻修行あるなり、亦、守護霊の導きあるなり、情《こころ》を磨き、透明なる光躰となるに及びて、光明霊と一つになるなり、耀身となるなり。

して後、無限の歓喜、智恵、愛の創造界に入っていき、仮凝身として生きる、竟には、絶対空の界に帰入し旅を了へる、隠身に坐すなり。

故に、限身界の今の修行こそ肝要なれ、早急《いちはやく》、三毒（貧、瞋、痴）を離脱し、三種の神器の徳である三徳（智仁勇）を以て生き、菩薩行を積むべし（六波羅蜜、布施・持戒・忍辱・精進・禅定・智恵）。

平生、感謝の心を忘れず、口を慎み、合掌行をなし、瞑想座禅（静坐）を心掛け、霊界（光明界）の一端を垣間見るべし。

玉＝静慮禅定＝智恵＝貪欲を破する

鏡＝慈悲忍辱＝仁愛＝瞋恚《しんに》を破する

剣＝勇猛精進＝勇　＝愚痴を破する

「和を以て貴しと為せ、篤く三宝を敬え、詔勅《みことのり》を承りては必ず慎め」（聖徳太子）

「霊学は、心を浄くするを以て本と為す」（本田親徳）

「諸悪莫作、衆善奉行、自浄其意、是諸仏教」（七佛通戒喝）

「世間虚仮、唯佛是真」（聖徳太子）

附　「個人的存在の彼方——魂の旅する道」（フレデリックマイヤーの霊界通信）

一、物質界

二、中間界（冥府で死後の直後に於て、各自が置かれる休養地）

三、夢幻界（幽界の入り口、極楽の夢想境）

四、色彩界（幽界の第二段で、個々の意志の働きが漸く自由自在となり、振動のきわめて激しい多彩多様の形態を造っている）

五、光炎界（幽界の第三段で、外貌、形体、色彩感情から離脱し、自我の天分職を自覚し、個人生活を離れて、共同の宇宙生活に入る）

六、光明界（いわゆる霊界で、各自の魂は、無色となり、喜怒哀楽の心の模様の上に超越して了ふ、無色は完全に、均斉のとれた、純理の表現）

七、超越界（これが神界で、無上智の理想境。ここには、過去、現在、未来の区別もなく、一切の存在が、完全に意識される。これが真の生命の実相である）

附　「自己を癒す道」（ホワイト・イーグルの霊界通信）

◎人間の生命は、すべて神法によって支配されている。愛、これこそは神法を全うする道である。

◎愛は、法であり、生命である。

◎人は霊である。真の自分である意識とは霊である。

◎病気は教訓を得るチャンスである。苦しみは、霊的進化を遂げるチャンスである。

◎肉体は、単に衣服に過ぎない。人の真の我は、内部にある。やがては、完全人、神人となるはずのものである。

◎聖なる生命と絶えず接触を求めよ。祈りと瞑想を通じて、内的世界や霊の喜ばしい生命についての多くの知識を求めよ。愛なる神、光明に近づけ。慎んでその賦与する守護を受けよ。

◎病気の時、疲れたときには、神を求めよ。自分の魂に、神に愛と力と美とを引き寄せよ。最も肝腎なことは、貴方が神と確実な接触を保つことである。

◎真なるものは、死を越えてなお生きる者は唯一つ。貴方の中の神の霊である。何となれば人は霊であり、神の子であるから。

◎この世には、本当に人を傷つけるものは、何もない。内在の霊的真理によって、何者も真の自己を侵し得ないことをしっかり自覚せねばならぬ。

◎光の天使は、心から慎ましい気持ちで、大神霊に仕えようと求める者の傍に来る。

◎人間の生命の目的は、自己神性の自覚を成長させることである。

◎善い念をもつよう、いつも努力すること、これにより、人の心霊体が造られ、肉体までも浄化される。ゴールを目指して堅実に努力を惜しまぬ者は、完全な健康と幸福を得る。

◎難事があるときは、心を神に委せれば、自然に解決できる。
◎愛するとは、我を捨てて与えることである。あるいは、全ての困難を解決する忍耐と、愛を持つときどんな人間の痛みも征服され得るのである。
◎人が柔和と愛を受容するとき、因果は直ちに消滅する。
◎きわめて単純な健康の秘訣は「感謝を以て生きること」である。
◎平和とは、一切の地上的問題を忘れ、自己の生命を神の愛に委ねることである。
◎皆、神の使徒である守護の天使によって正しい道を導かれている。
◎神は愛であり、全ての者は、美なる天頂に向かって働きつつあるという確信を堅持せよ。
◎自己が永遠の光明の中にあること、何事が起ころうと、神は自己と共にあるという意識を持って生きること。
◎霊の力が、貴方の内部にある、それは、創造的であり、何の限界も知らない。
◎神の僕となることは、人間に与えられた最高に美しい機会である。

附　「水穂伝」（山口志道）

此の御霊の正中《マナカ》の、《シルシ》は天地未生の、（キ）なり。此の神の御名のアメといふアは空水の霊《みたま》にて、五十連《イツラ》の水火《イキ》（五十音）の総名なり。メは回ることにて五十連の水火《イキ》の回るを天《アメ》といふなり。其の回る形、即ち○の如し、ミナカと云ふミは中のことにてミナカとは中に中を累るを云ふ詞《ことば》にて、正中《マナカ》といふ義《ことわり》なり。ヌシと云ふはノ（ノウシ）言の濁にて、シはシルシの約《づづまり》なり。言ふ心は天地の初め虚空《ソラ》の正中《マナカ》に、《シルシ》の気《イキ》と云ふ御名《ミナ》にて、即ち○《アメ》の正中に、《シルシ》をなして、其の御形《みかたち》⦿の如し。即ち天之御中主の御霊なり。

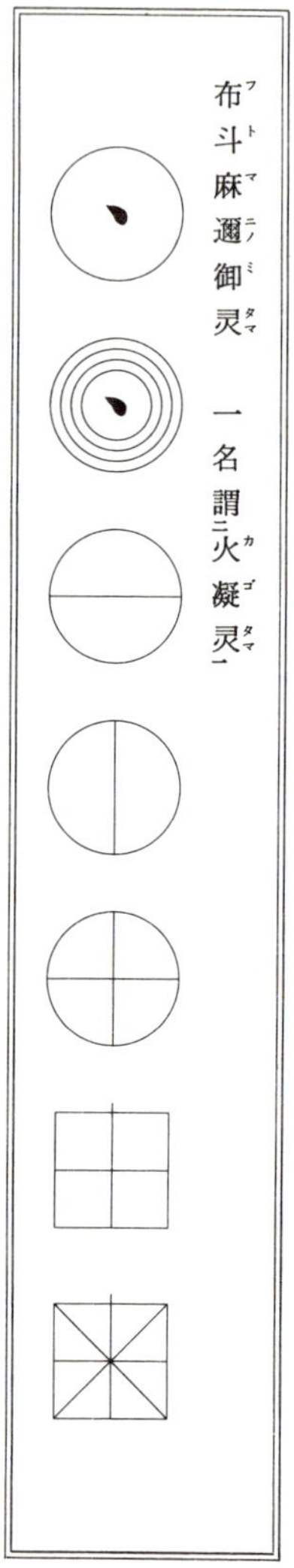

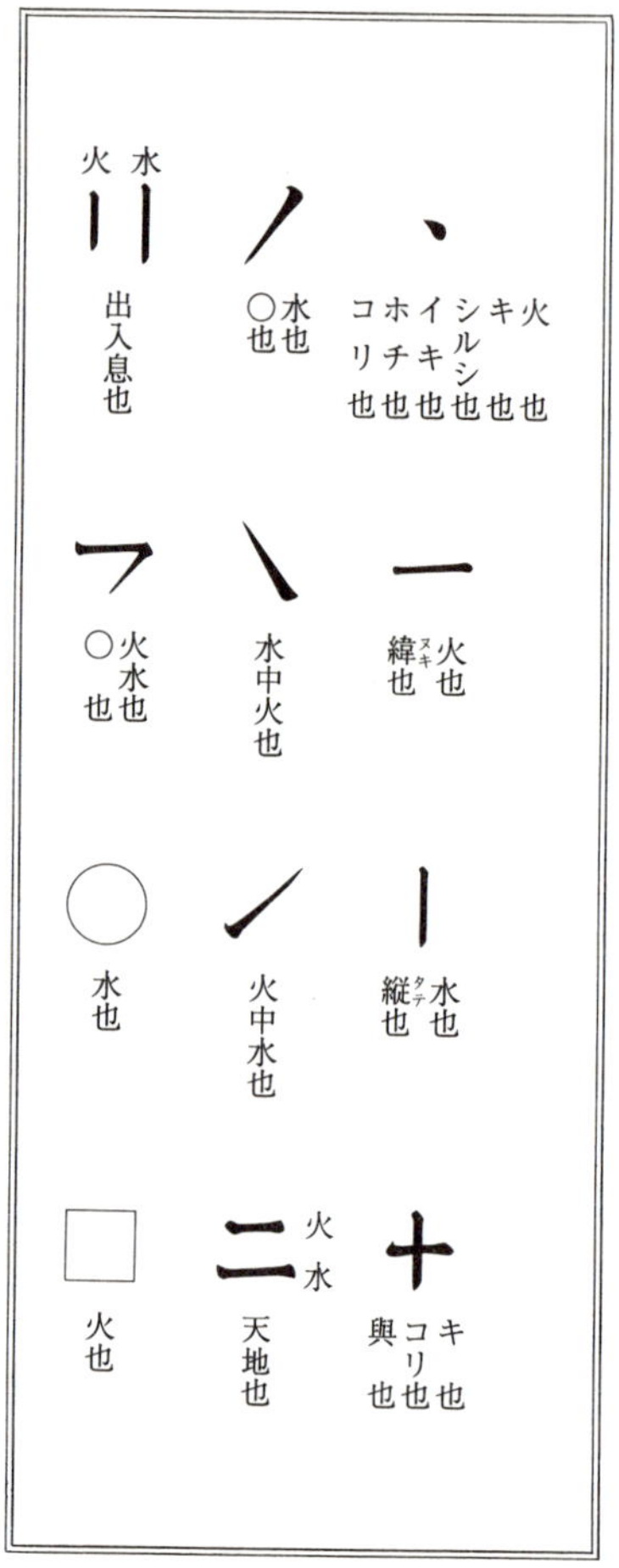

右：布斗麻邇御霊
左：稲荷古伝

附　大石凝真素美の言霊性相図

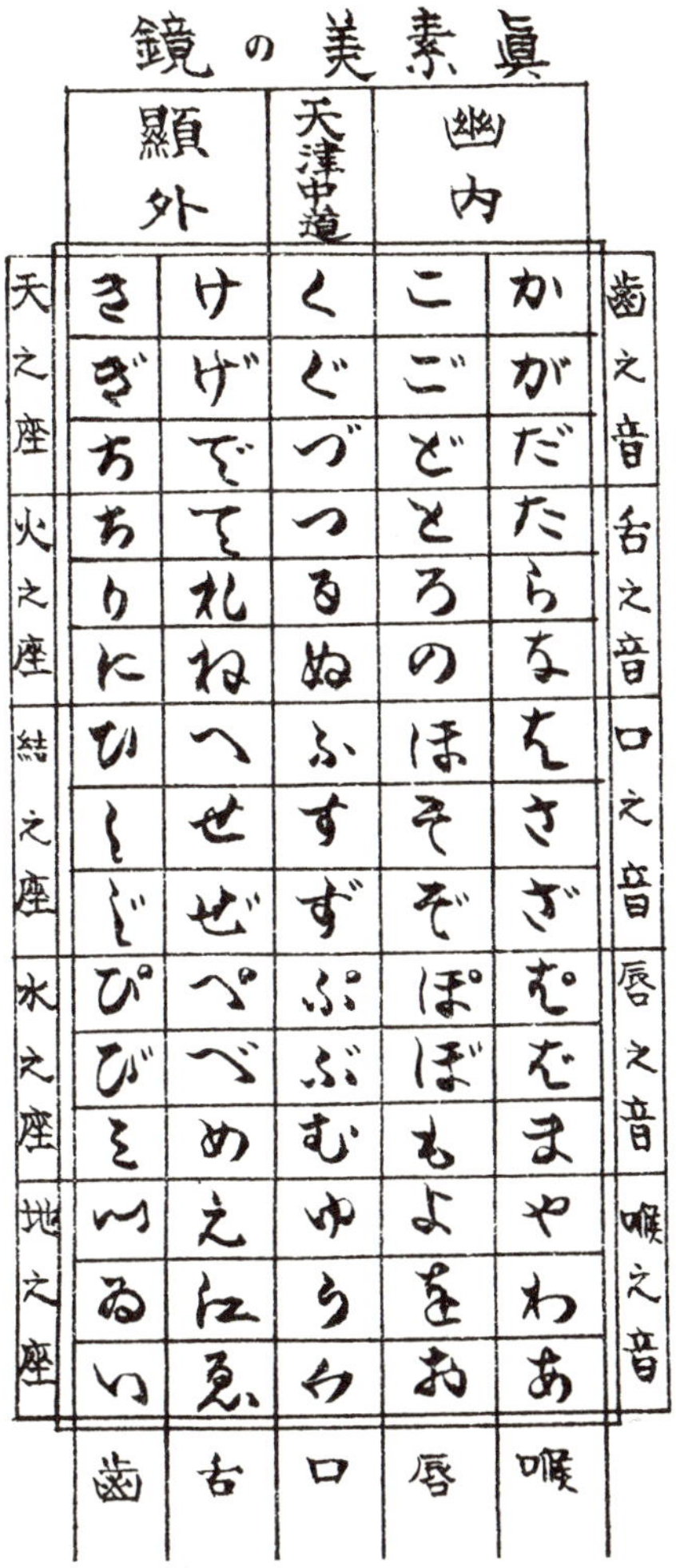

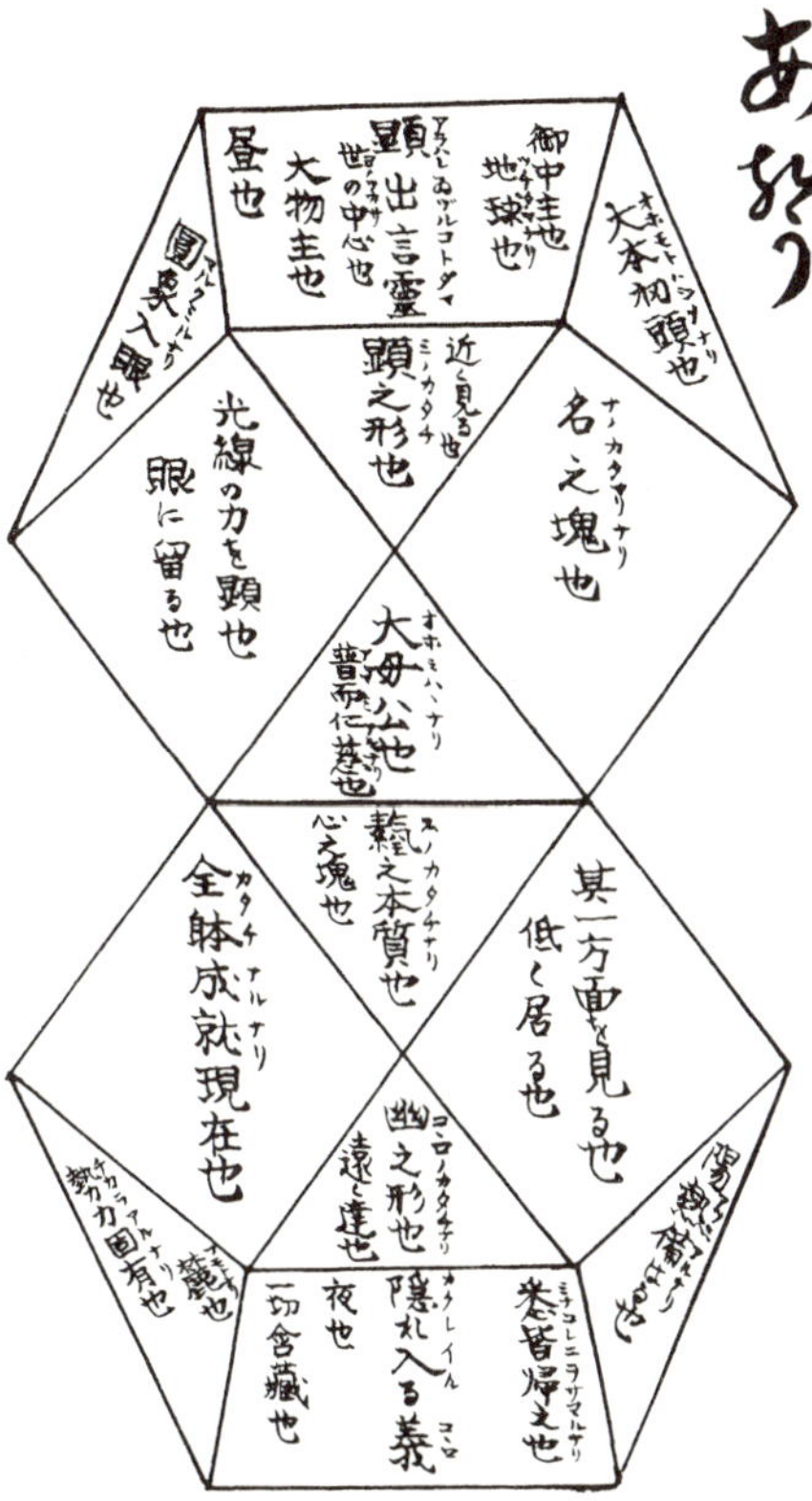

右：眞素美（ますみ）の鏡（大石凝「大日本言霊」所収）
・ス声は、七十五声の性霊を全備した中心音。中に集まる言霊。
・タ声は、対照力を現し、マ声は、全く張りつめ玉となる言霊。
・ア声は、顕はれ出づる言霊、イ声は、強く足り余る成就する言霊、
ウ声は、結び合う言霊。
エ声は、内に集まる言霊、ミ声は、形の具足成就する言霊、、等々。

左：「あ聲」（正方角體六合八角切り子の妙體）
・聲即ち心也。聲即ち精神也。聲即ち造化也。聲即ち神霊也。
世界一切の形體は心の結晶点也、聲の結晶点也（大石凝）。

附　天津祝詞

高天原《たかあまはら》に神留座《かむづまりま》す　神魯岐《かむろぎ》神魯美《かむろみ》の詔《みこと》以《もち》て
皇御祖神《すめみおやかむ》伊邪那岐大神《いざなぎのおおかみ》　筑紫《つくし》の日向《ひむか》の　橘《たちばな》の小戸《をど》の阿波岐原《あはぎはら》に
御禊祓《みそぎはら》へ給《たま》ひし時《とき》に生坐《あれませ》る　祓戸《はらひど》の大神等《おおかむたち》
諸々《もろもろ》の枉事罪穢《まがごとつみけがれ》を拂《はら》ひ賜《たま》へ清《きよ》め賜《たま》へと申《まを》す事《こと》の由《よし》を
天津神國津神《あまつかみくにつかみ》　八百萬《やほよろず》の神等共《かみたちとも》に
天《あめ》の斑駒《ふちこま》の耳《みみ》振《ふ》り立《た》てて聞食《きこしめ》せと恐《かしこ》み恐《かしこ》み申《もまを》す

附　神明奉唱（高天原に生《な》り出づる神の御名）

天之御中主神《あめのみなかぬしのかみ》——高皇産霊神《たかみむすびのかみ》——神皇産霊神《かみみむすびのかみ》——宇摩志阿志訶備比古邇神《うましあしかびひこじのかみ》——
——天之常立神《あめのとこたちのかみ》——国常立神《くにとこたちのかみ》——豊雲野神《とよくもねのかみ》——伊邪那岐神《いざなぎのかみ》・伊邪那美神《いざなみのかみ》——
——天照大神《あまてらすおおみかみ》・月読尊《つくよみのみこと》・素戔嗚命《すさのおのみこと》——正勝吾勝勝速日天忍穂耳尊《まさかつあかつかちはやびあめのおしほみみのみこと》——
——大巳貴神《おほあなむちのかみ》（大国主尊《おおくにぬしのみこと》）——少名彦名神《すくなびこなのかみ》——日子悉能瓊瓊杵命《ひこほのににぎのみこと》——
八百萬神　祓ひ給ひ清め給ひ幸《さきは》へ給へ

神道真言（マントラ）

「神拝詞」
天照大御神　アマテラスオオミカミ　（十言《とこと》の呪《かじり》）

「御祓詞」
天津神国津神祓給清給（神道一枚紙　友清歓真）

阿麻天留　迦美保伎　アマテル　カミホギ
吐普加身　依身多女　トホカミ　エミタメ
※トは玉（御中主大神）、ホは剣、カミは鏡（天照皇大神）。

神惟《かんながら》　霊幸《たまち》　倍坐《はえま》せ

ハルチ　ウムチ　ツズチ

日本を救う五つのこと（日本再生の道五カ条）

一、富士山を世界遺産にすること。
神が居る場を清めること、日本の象徴を祓い清めること、霊山を清め拝すること。

二、日本の海・山・川を清めること。
植林し森を再生すること、田畑を造ること、海徳あり、山徳あり、神宿る田園風景を取り戻すこと。

三、神《かむ》ながらの道を歩み感謝の生活を送ること。
合掌礼拝、端坐瞑想、（太陽を拝し、月に瞑想すること）、合掌・正坐を基本行とすること。呼吸を意識し神名を唱ふること。

四、米（玄米）を主食とし、菜を副食とし、質素正食（正直）、な生活を送ること。
身土不二、食の陰陽を弁えること。その土地でとれた物を食すること。

五、祭りや、日本の伝統文化を再興すること。

言葉（言霊）を正すこと（和歌、俳句）。古典芸能を重んじること。祭は祓い清めであること。

限身たる一人の人のなす事

一、朝、日の出と共に起き、手を合わせ、拝むこと。神名を唱え、神の加護を祈ること。
二、ごはんとみそ汁を味わい、感謝をもって食べること。
三、正直に仕事をすること。清明正直に生きること、神ながらの道を歩むこと。
四、一本の木を植え、一本の草花を育てること。自然を大事にすること。
五、夜、合掌正坐して後、感謝をもって一日を終えること。

あとがき

一、日本は「神器伝わる国」なり。

一、神皇正統記には、「日本は神国なり」とある。神仙の宗府なり。

一、古事記序文には古事記を「本教」と呼んでいる。

また、古事記を布琉許登夫美《ふることふみ》と訓《よ》ましと云っている。（古事記伝）

一、記紀神代巻本文は、声に出して読むべし。（神典なり、教文なり）

一、鎮魂、帰神は、神道の神髄なり。魂合の道、神人一如の道なり。

一、神相は、瞑想の象徴、法則は、中央の柱と左旋、右旋の交融。

一、霊学とは、人間の本質は神（霊）であるとの根本智から発する学なり。

凡そ、霊に対するに霊を以てせよ。

主要参考文献

『本田親徳全集』（八幡書店）
『大石凝真素美全集』（八幡書店）
『古事記大講』（水谷清・八幡書店）
『古事記伝』（本居宣長・筑摩書房）
『日本書紀通釈』（飯田武卿）
『日本書紀新講』（飯田季治・明文社）
『神皇正統記』（北畠親房・岩波書店）
『元元集』（北畠親房）
『元元集の研究』（平田俊春・山一書房）
『天地麗気記』（空海）
『五輪九字秘釈』（興教大師・鹿野苑）
『古語拾遺新注』（池辺真榛・大岡山書店）
『大祓詞注釈大成』（宮地直一他編・内外書館）
『三種神器』（水谷清・八幡書店）
『直毘霊』（本居宣長・岩波書店）
『神道五部書』（神宮文庫）
『友清歓真全集』（八幡書店）
『大本神諭』（東洋文庫）
『秘密佛教の研究』（森田龍僊・臨川書店）
『真言密教の本質』（森田龍僊・山城屋）
『天界と地獄』（スウェーデンボルグ・静思社）
『霊界日記』（スウェーデンボルグ・静思社）
『バガヴァッド・ギーター』（ヴェーダンタ文庫）
『異境備忘録』（宮地水位・八幡書店）
『曼陀羅の研究』（栂尾祥雲・密教文化研究所）
『大日経義釈』（一行・春秋社）
『ウパニシャッド全書』（東方書店）
『霊の御綱』（松原皓月・八幡書店）
『玄機直講』（張三丰・真善美出版社）
『悟眞篇』（張紫陽・真善美出版社）
『空海全集』（筑摩書房）
『釈摩訶衍論』（龍猛・文政堂）
『参同契闡幽』（朱元育・真善美出版社）
『楽育堂語録』（黄元吉・真善美出版社）
『言霊秘書』（山口志道・八幡書店）
『神伝霊学奥義』（松原皓月・八幡書店）
『ヘルメス文書（ヘルメス哲学の秘法）』（白水社）
『ヘルメス文書』（朝日出版社）
『象徴哲学大系』（M・P・ホール・人文書院）
『エメラルド・タブレット』（ドーリル・霞ヶ関書房）

[著者略歴]
水木　大覚（みずき　だいかく）

昭和４０年代（大学時代）、鈴木大拙の禅思想研究を通じ道元禅の参究に入る。後、鶴見の総持寺で参禅。

昭和５０年代、ヨーガ・ウパニシャッドの思想を学び、また、桜沢如一の玄米正食（陰陽）思想に共鳴す。西洋思想では、エックハルト、タウラー、聖テレジアのキリスト教神秘思想を学ぶ。

昭和６０年代、道教仙学思想の丹田思想を学び、全ての思想は内奥で共通していることを悟る。

また、大石凝真素美、本田親徳及び出口王仁三郎に触れ、神道霊学を参究、萬教帰一、霊先體後を知る。

ライフワークとして、「神人合一、神人一如」の道を探求、世界諸宗教の共通の神理を追求している。

神道玄義《かみのみちおくぎ》　——宇宙第一之書の奥義の解明——

2006年10月13日　初版発行

著　者　水木　大覚
装　幀　谷元　将泰

発行者　高橋　秀和
発行所　今日の話題社
東京都品川区上大崎 2-13-35　ニューフジビル 2F
TEL 03-3442-9205　FAX 03-3444-9439

用　紙　富士川洋紙店
印　刷　シナノ
製　本　難波製本

ISBN4-87565-569-X　C0014